肖　军　张　亮 / 著

法治政府的司法指数研究 2019

A Research on the Judicial Index of Law-based Government

上海社会科学院出版社
SHANGHAI ACADEMY OF SOCIAL SCIENCES PRESS

本书系国家社科基金项目“基于行政裁判数据的法治政府差距研究”(编号 19CFX021)、“城市空间规划利用的法制化研究”(编号 16BFX124)的研究成果。

前　言

当前，全国各地都在大力推进法治政府建设。上海社会科学院作为国家高端智库，要面向实践、面向问题、面向需求，开展服务国家发展战略和重大政策的务实研究。两年前，上海社科院法学所启动了“法治中国的司法指数研究”，旨在通过海量的司法判决文书来观察全国各地法治建设进程。一年后，相关成果《法治政府的司法指数研究》(载《行政法学研究》2019 年第 1 期)、《法治中国的司法指数研究(2018)》(上海社会科学院出版社 2019 年版)等相继问世，取得不错的社会反响。本书沿着以往的研究路径，对 2017 年全国法院裁判文书展开了分析。与去年相比，本书研究范围有所扩大，在保留原有内容的基础上，增加了新指标的评估试验、从基层法院判决书看四大直辖市法治政府建设情况等新内容。本研究所需的数据爬取工作得益于北大法宝给予的技术支持。本书系合作成果，研究任务有所分工，肖军负责本书第二、四章，张亮负责第一、三章。希望本书能为我国法治政府建设的实践与研究提供一些参考作用。

目　　录

第一章　行政诉讼发生指数

行政诉讼发生指数的分析对象是行政判决书和终局性的行政裁定书(包括裁定不予立案/不予受理、驳回起诉/驳回上诉,准予撤诉/撤回上诉,裁定终结等)两部分裁判数据,数据范围为全国31个省、自治区、直辖市的中院、高院于2017年度审结生效并在中国裁判文书网上公开的行政裁判文书。全部数据以课题组设计的特定语言为规则,由北大法宝的技术团队协助爬取。文书数据量巨大,因此,后期又经过人工辨识、筛选等二次清洗。2018年的报告数据显示,经济越发达的地区,行政诉讼发生率越高,常住人口越多的地区,行政纠纷也会相应增加。[①] 2019年的报告同样会对上述方面进行验证。需要再次强调的是,行政诉讼发生指数具有化解导向与维权导向的内在冲突,因此其意义不仅在于观测各省级行政区的案件数和地区排名,还需要根据各地的具体情况为行政诉讼发生水平提供一个相对参考,包括行政纠纷发生的稳定区间、行政纠纷频发的重点领域以及各类行政纠纷发生密切相关的变量。[②]

---

① 肖军、张亮、叶必丰:《法治政府的司法指数研究》,《行政法学研究》2019年第1期。

② 固然行政诉讼案件数少一定程度上可以表征依法行政水平较高。行政纠纷并不一定表明行政行为违法,但是法治政府要求政府在行使职权、履行职责的过程中尽量减少行政纠纷的发生。一方面依法行政不仅要真正存在,而且还要让人相信其存在,既要完成令人民群众满意的行政活动,又要尽量通过各种替代性纠纷解决机制高效化解。但是另一方面,法治政府要保障公民通过合法途径主张诉求,监督政府依法行政,一定数量的行政诉讼量是可以存在,甚至应当保持的,过低的诉讼发生率也未必都值得肯定。中国的法治事业发展至今,大众的维权意识和法律知识已今非昔比。习近平总书记在十九大报告中强调,中国特色社会主义进入新时代,我国社会主要矛盾已经转化为人民日益增长的美好生活需要和不平衡不充分的发展之间的矛盾。可见,转型过程中的社会发展必然伴随多元的利益诉求与冲突,而政府作为公益的代表和协调者,也必然成为矛盾指向的目标。人民群众以合法的诉讼方式对行政合法性进行拷问和敲击,实际上也是基于对政权正当性的信任。参见肖军、张亮、叶必丰:《法治政府的司法指数研究》,《行政法学研究》2019年第1期。

第一节 行政诉讼发生指数的整体情况

本报告采集的符合标准的行政裁判文书为 2017 年度全国 31 个省级行政区的高院、中院针对地方政府做出的行政判决书 45 317 份,行政裁定书 59 643 份,共计 104 960 份行政裁判文书。上述各项数据较 2016 年略有增长(2016 年度行政裁判文书 92 679 份,其中行政判决书 38 080 份、行政裁定书 54 599 份)。根据 2018 年最高人民法院工作报告,各级法院审结一审行政案件 91.3 万件,同比上升 46.2%。可见这个数据浮动也是较为可信的。具体以审级区分,2017 年度的一审案件裁判文书有 37 164 份,二审案件裁判文书有 69 288 份,再审案件裁判文书有 8 739 份。由于样本采集的对象限于中院、高院案件,因此二审案件为主也较为合理。我们发现再审的行政判决书仅占年度裁判文书的 0.79%,至少从相对人角度可以理解,希望通过行政诉讼再审来对案件进行实体复审,甚至再扳回一局,确实希望渺茫。最后,以审理法院区分,2017 年度的中院裁判文书有 78 597 份,高院裁判文书有 26 363 份,相较于 2016 年的文书数均有明显增长,其中高院裁判文书增加幅度接近 20%,使中院和高院裁判文书的比例差进一步缩小,更多案件进入高院的视野。

表 1-1-1　　　　年度行政诉讼裁判文书概况

审判层级	一审	二审	再审	中院	高院
行政判决书数 占比(%)	10 231 (22.58)	34 726 (77.63)	360 (0.79)	37 704 (83.20)	7 613 (16.80)
行政裁定书数 占比(%)	16 702 (28.00)	34 562 (57.95)	8 379 (14.05)	40 893 (68.56)	18 750 (31.44)

下列数据直观地反映各省级行政区行政诉讼案件数的排名。排名显示,并不能完全等同于各地区的依法行政水平,因为案件的发生会受地方诸多复杂因素的影响。因此,我们要在这个基础排名之上,找出行政诉讼发生的强相关因素,剥离不相关因素,加入各类变量试验,对行政诉讼案件发生指数进行矫正。

就行政诉讼发生的绝对数而言,由多到少依次为:河南(8 917)、江苏

(7 451)、浙江(7 241)、广东(7 109)、湖南(6 762)、山东(6 195)、北京(4 839)、四川(4 594)、上海(4 281)、辽宁(4 227)、贵州(4 107)、福建(3 609)、重庆(3 603)、湖北(3 549)、安徽(3 544)、河北(2 960)、江西(2 474)、陕西(2 290)、山西(2 285)、吉林(2 203)、黑龙江(2 196)、天津(1 866)、广西(1 849)、甘肃(1 625)、云南(1 118)、内蒙古(1 055)、新疆(1 045)、海南(939)、宁夏(708)、青海(306)、西藏(13)。

其中,河南、江苏、浙江、广东、湖南地区位列全国前 5 位。对比 2016 年度的数据,其中河南和江苏的案件总数同样位居前两位,这两个地区在接下来的分析中会被重点关注,如相关案件的当事人特征、分布领域及行为类型。2017 年度全国各地区案件总数的中位值地区是河北(2 962),但是全国平均值为 3 386 件,两相比较可以发现,各地区案件量的差异非常大,对此应当在司法体制改革中更注重动态调整各地法院系统的法院员额及编制人数。此外,比较往年数据,除了个别地区以外,大部分地区诉讼发生水平的浮动都不大(地区排名浮动 5 位以上的)。年度案件数涨幅比较大的地区主要为上海,自 2016 年的第 15 位上升至 2017 年的第 9 位,贵州从 2016 年的第 19 位提高至 2017 年的第 11 位,而且两地的案件总量也有较大提升,应当引起重视,并分析案件增长的主要原因。相对应地,跌幅比较大的地区有重庆、吉林、广西,重庆于 2016 年的第 7 位降至 2017 年的第 13 位,吉林自 2016 年的第 13 位降至 2017 年的第 20 位,广西自 2016 年的第 16 位降至 2017 年的第 23 位。虽然行政诉讼案件数并没有直接的评价功能,但是同比的案件量减少更多意味着在同样的诉讼意愿和司法环境下,行政纠纷发生数量的实际减少,因此还是具有一定积极意义的。

表 1-1-2　　全国各省级行政区行政诉讼案件分布

行政机关所在地(省级行政区)	2017 年		2016 年	
	行政诉讼案件总数	每百万人均案件数	行政诉讼案件总数	每百万人均案件数
安　徽	3 544	56.66	3 225	52.05
北　京	4 839	222.89	6 717	309.11
福　建	3 609	92.28	2 245	57.95
甘　肃	1 625	61.88	1 528	58.54
广　东	7 109	63.65	5 228	47.53
广　西	1 849	37.85	2 457	50.79
贵　州	4 107	114.72	2 111	59.38
海　南	939	101.40	1 068	116.47

续表

行政机关所在地(省级行政区)	2017 年		2016 年	
	行政诉讼案件总数	每百万人均案件数	行政诉讼案件总数	每百万人均案件数
河　北	2 960	39.36	3 298	44.15
河　南	8 917	93.28	7 916	83.05
黑龙江	2 196	57.96	2 065	54.36
湖　北	3 549	60.13	3 470	58.96
湖　南	6 762	98.57	3 781	55.42
吉　林	2 203	81.08	3 102	113.50
江　苏	7 451	92.80	7 802	97.54
江　西	2 474	53.53	1 568	34.15
辽　宁	4 227	96.75	3 070	70.12
内蒙古	1 055	41.72	1 327	52.66
宁　夏	708	103.81	925	137.04
青　海	306	51.17	307	51.77
山　东	6 195	61.91	6 423	64.57
山　西	2 285	61.72	1 868	50.73
陕　西	2 290	59.71	2 192	57.49
上　海	4 281	177.05	2 477	102.36
四　川	4 594	55.34	3 547	42.93
天　津	1 866	119.85	1 403	89.82
西　藏	13	3.86	7	2.11
新　疆	1 045	42.74	1 069	44.58
云　南	1 118	23.29	681	14.27
浙　江	7 241	128.00	5 985	107.07
重　庆	3 603	117.17	3 817	125.23
全　国	104 960	—	92 679	—

表 1-1-3　各地行政诉讼案件数与地方基础数据的强相关分析

相关性变量		地区常住人口(百万)	地区 GDP(亿元)	第一产业增加值(亿元)	第二产业增加值(亿元)	第三产业增加值(亿元)
行政诉讼案件总数	Pearson 相关性	0.782**	0.832**	0.623	0.807	0.822
	显著性(双侧)	0.000	0.000	0.000	0.000	0.000

注：地区常住人口、地区 GDP、第一产业增加值、第二产业增加值、第三产业增加值在 0.01 级别，相关性显著；人均 GDP，人均可支配收入在 0.05 级别，相关性显著。

在 2016 年的报告中，我们已经发现，行政诉讼的发生水平与地区常住人口和地区 GDP 密切相关。本报告同样将案件数与 2017 年的地区基础数据进行验证，包括常住人口、人口密度、地区 GDP、人均 GDP、人均可支配收入、城镇人口比例、文盲占 15 岁及以上人口比例、城镇失业率、人均可支配收入、抚养比、义务教育率、高等教育率、区县数、土地面积等 14 项数据，得出的结果仍然显示行政诉讼案件总数与地区常住人口和地区 GDP 有显著的相关性。在显著性(双侧)皆小于 0.01 的情况下，行政诉讼案件数与地区 GDP 的 Pearson 相关性高达 0.832(2016 年为 0.812)，与常住人口的 Pearson 相关性高达 0.782(2016 年度为 0.715)。可见，行政诉讼案件数与地区 GDP、地区常住人口的相关关系在今年被进一步加强。

今年的报告中，我们进一步将经济数据进行细化，增加了第一产业增加值、第二产业增加值、第三产业增加值等 3 项数据与行政诉讼案件数的相关性分析。我们发现，各地案件数在产业类型中尤其与第二产业增加值和第三产业增加值显著相关，[①]第二产业增加值的相关性为 0.807，第三产业增加值的相关性为 0.822，也就是说，第二产业、第三产业发达的地区，行政纠纷的发生率越高，这种相关性分布也体现了我国城市经济发展的产业特征以及行政法律法规主要调整的管理领域。

考虑到行政裁判案件数与常住人口的强相关性，可以通过人均案件数的统计来剥离这种影响，每百万人人均案件数的全国排名如下：北京(222.89)、上海(177.05)、浙江(128)、天津(119.85)、重庆(117.17)、贵州(114.72)、宁夏(103.81)、海南(101.40)、湖南(98.57)、辽宁(96.75)、河南(93.28)、江苏(92.80)、福建(92.28)、吉林(81.08)、广东(63.65)、山东(61.91)、甘肃(61.88)、山西(61.72)、湖北(60.13)、陕西(59.71)、黑龙江(57.96)、安徽(56.66)、四川(55.34)、江西(53.53)、青海(51.17)、新疆(42.74)、内蒙古(41.72)、河北(39.36)、广西(37.85)、云南(23.29)、西藏(3.86)。

其中，排名前五的地区分别为北京、上海、浙江、天津、重庆，中位值地区为山东(61.91)。比较发现，北京连续两年“蝉联”首位，在人均案件量上远超其他地区。令人欣慰的是，首都 2017 年度的人均案件数较之 2016 年度下降将

① 根据国家统计局的定义，第一产业是指农、林、牧、渔业(不含农、林、牧、渔服务业)。第二产业是指采矿业(不含开采辅助活动)，制造业(不含金属制品、机械和设备修理业)，电力、热力、燃气及水生产和供应业，建筑业。第三产业即服务业，是指除第一产业、第二产业以外的其他行业。参见《中国统计年鉴 2018》。

近30%,而经常与之对比的上海却自2016年的第10位上升至第2位,人均案件数的涨幅高达惊人的73%。此外,2017年度位居前五地区的人均案件数较2016年度有了显著提高,人均案件数排名涨幅较大的地区有:广东自2016年的第25位上升至第15位,山西自2016年的第24位上升至第18位,湖南自2016年的第18位上升至第9位,贵州自2016年的第13位上升至第6位,需要引起重视。相对应的跌幅较大的几个地区有:广西自2017年的第23位下降至第29位,内蒙古自2016年的第23位下降至第29位,吉林自2016年的第5位下降至第14位。相比行政诉讼案件总数,人均案件数所反映的纠纷发生水平更有参考价值。

第二节 行政诉讼发生的管理领域与行为类型

行政诉讼案件的案由分为行政管理领域与行政行为类型,对行政诉讼案件的案由分布统计,可以分析各地行政案件主要集中于哪些管理领域和行为类型,对依法行政具有比较重要的指导价值。本报告以31个省级行政区为分母,同时排除大多数基数比较小,缺乏统计意义的管理领域和行为类型,主要选取案件数排名前十位的管理领域和行为类型来做进一步分析。

行政管理领域中,排名前十位的案由依次是:资源管理32 417件(30.89%)、城乡建设28 726件(27.37%)、公安行政管理16 993件(16.19%)、人力资源和社会保障11 755件(11.20%)、乡镇街道2 626件(2.50%)、工商1 777件(1.69%)、交通运输1 340件(1.28%)、农业938件(0.89%)、司法行政878件(0.84%)、教育845件(0.81%)。

与2016年度的报告相比,其中主要的案件类型都没有变化,但是案件数更加集中于资源管理、城乡建设、公安行政管理、人力资源和社会保障等领域,农业、司法行政取代了城管、卫生与计划生育等类型进入前十位,而且在案件数上都属于占比较小的领域。就比例上而言,在农业、司法行政、教育等管理领域中,行政裁定数都远远高于行政判决数,说明该些领域中的很多纠纷可能因不符合起诉条件或其他原因尚无法吸收到司法救济途径中,但是这类行政纠纷同样需要政府通过各种途径化解,要么建立特别的救济渠道来直接化解,或者就要通过提供沟通、协商、辅导等社会服务来予以间接化解，否则会给社会综合治理留下一定隐患。

表 1-2-1　　行政诉讼案件数分布前十位的行政行政管理领域

排序	行政管理领域	案件总数	比例(%)	行政裁定数	行政判决数
1	资源管理	32 417	30.89	19 533	12 884
2	城乡建设	28 726	27.37	17 685	11 041
3	公安行政管理	16 993	16.19	8 332	8 661
4	人力资源和社会保障	11 755	11.20	4 407	7 348
5	乡镇街道	2 626	2.50	1 524	1 102
6	工商	1 777	1.69	960	817
7	交通运输	1 340	1.28	804	536
8	农业	938	0.89	552	386
9	司法行政	878	0.84	719	159
10	教育	845	0.81	676	169

通过地区与管理领域的交叉分析，可以筛选出各地行政诉讼案件数集中于哪些管理领域，这也间接反映了这些领域行政机关的执法水平或方式还有一定提高空间。从图 1-2-1 看出，行政纠纷主要发生在资源管理、公安行政管理、城乡建设等 3 个领域。其中，资源管理案件（土地、林业、草原、地矿、能源等）在河南、广东、贵州等 19 个地区的行政诉讼案件数中占比最高，是绝大多数地区行政纠纷的主要领域，在广西（52.95%）、贵州（52.18%）、江西（44.79%）、宁夏（42.66%）更是超过 40%，这一点与 2016 年度的数据基本一致，资源管理类案件在地域性特征上比较明显，以中西部地区为主，同时也是行政执法矛盾普遍突出的领域，这也为在相关领域立法改革提供了事实依据。各地区应当针对自身行政诉讼案件最高发的资源管理领域采取相应措施，防止此类行政案件高发使民众产生不信任情绪。此外，公安类的案件在江苏、浙江、上海等 9 个地区占比最高，较 2016 年增长了 3 个地区，而且大部分是经济发达地区，可能社会经济发展水平和治安压力的增长存在一定的附随关系，或者是社会经济发展水平的提高助推权利意识的觉醒，与公众执法关系密切的公安部门必然影响显著，成为积极维权的集中对象。其中，海南（58.04%）和上海（42.54%）的案件占比远远高于其他地区。上海 2017 年每万人口刑事案件立案数(起)为 84.04，在经历 2016 年立案数(起)的短暂下行后又回到 2015

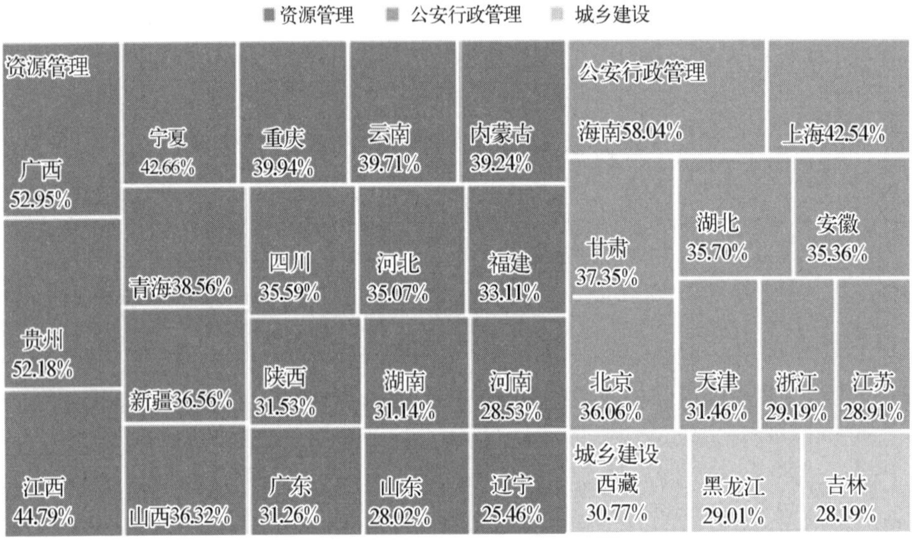

图 1-2-1 各省级行政区行政诉讼最高发的行政管理领域分布

注：图中百分比为各省级行政区最高发的行政管理领域占本地案件比(%)，即每个省级行政区各类行政管理领域中，排名首位的管理领域案件数占本地全部案件数的比例。

年的水平，而 2017 年的治安案件查处数(起)则延续 2016 年的下降态势，进一步下降至 514 960 件，下降幅度高达 24.74%。① 刑事立案的增加和治安案件的减少，或许可以佐证治安压力与维权意识的正向纠缠带来的公安行政管理占比的快速爬升。而海南的经济发展水平与上海正好处于两极，此种表现便耐人寻味，可能可以说明治安案件发生的两种经济背景。但是两者也有一个共同点，就是外来群体占比很大。2017 年上海外来人口高达 972.68 万人，占年末常住人口的 40.22%，并且这一高占比仍将长期持续。② 并没有证据表明外来人口的素质造成此问题，2014 年的社会调查便表明外来人口的社会融入状况不容乐观，从人际交往圈上看，外来人口交往以亲戚、老乡为主，仅一成多选择本市居民。而高达 72.8% 的外来人口经常有受歧视、排挤的心理感受。③ 或许是外来人口的社会融入障碍间接导致了这一问题的出现。最后，黑龙江、吉林和西藏的城乡建设案件(规划、拆迁、房屋登记等)占比最高，与往年截然不同。以黑龙江为例，2017 年，黑龙江印发《中共黑龙江省委、黑龙江省人

---

① 参见《上海调查年鉴 2018》。

② 参见《上海统计年鉴 2018》。

③ 参见《上海年鉴 2015》。

民政府关于进一步加强城市规划建设管理工作的实施意见》，全省老旧小区改造开工 1 044 万平方米，开工改造各类棚户区 21.4 万套，基本建成 28.2 万套，货币化安置率 66%，[①]比 2016 年的基本建成套数高 41.71%，货币化安置率也在 2016 年的基础上提高了 51.72%。[②] 故此类案件的飙升可能由于地方上在 2017 年度启动的某些拆迁征地项目规模较大，同时棚改货币化的实施也在一定程度上提高了选择诉讼的可能。

在行政行为类型中，排名前十位的案由依次是：行政复议 19 760 件(18.83%)、行政处罚 12 734 件(12.13%)、行政登记 12 436 件(11.85%)、行政补偿 9 978 件(9.51%)、政府信息公开 9 223 件(8.79%)、行政确认 9 159 件(8.73%)、行政撤销 9 094 件(8.66%)、行政强制 6 837 件(6.51%)、行政征收 6 495 件(6.19%)、行政许可 3 936 件(3.75%)。

与 2016 年度的数据相比，有所变化的只是行政撤销案件替代了行政赔偿案件，总体上仍然分布均匀。由于行政复议案件是对某一行政行为的二次审查，因此与其他类型的行政行为争议很多都是复合关系，占比最高也是合情合理。虽然本报告的样本只限于中院和高院案件，但是基于行政诉讼较高的上诉率，目前在二审、再审案件数据比较完整的情况下，本报告所体现的行政行为类型的案件分布应该可以代表行政诉讼的整体样态。

表 1-2-2　各地行政诉讼案件数分布前十位的行政行为类型

序号	行政行为类型	案件数	比例(%)	行政裁定数	行政判决数
1	行政复议	19 760	18.83	8 310	11 450
2	行政处罚	12 734	12.13	5 103	7 631
3	行政登记	12 436	11.85	8 603	3 833
4	行政补偿	9 978	9.51	6 362	3 616
5	政府信息公开	9 223	8.79	3 763	5 460
6	行政确认	9 159	8.73	2 945	6 214
7	行政撤销	9 094	8.66	7 342	1 752
8	行政强制	6 837	6.51	4 068	2 769
9	行政征收	6 495	6.19	4 544	1 951
10	行政许可	3 936	3.75	2 789	1 147

① 参见《黑龙江年鉴 2018》。
② 参见《黑龙江年鉴 2017》。

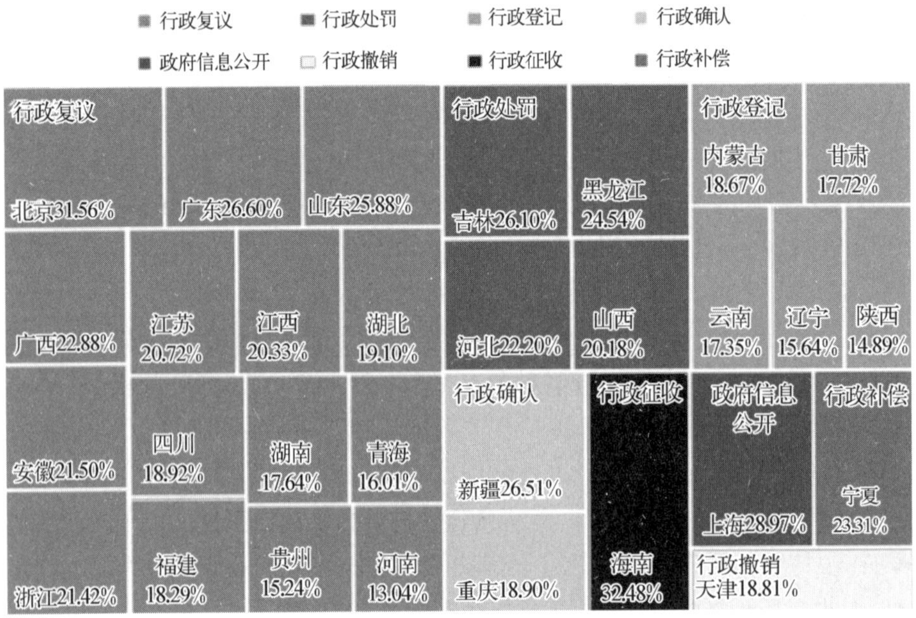

图 1-2-2 各省级行政区行政诉讼最高发的行政行为类型分布

通过地区与案件数前十位的行政行为类型的交叉分析,可以筛选出各地行政纠纷集中的行为类型,说明这些行为在行政过程中更易引发纠纷,需要引起重视。具体而言,行政复议类案件在北京、广东、山东等 15 个地区的案件占比最高,其中北京的案件比例高达 31.56%。如此看来,这些地区的行政复议制度处在比较尴尬的境地,一方面行政复议对行政纠纷化解没有独特实效;另一方面,还导致更多的复议机关被吸收到行政诉讼的争议之中,显然现阶段应当对行政复议的制度目的和设计有所反思了,以便在下个修法周期尽快完善。另外,行政处罚类案件在 4 个地区的案件占比最高(由于西藏的基数太小,在此不予计入),尤以吉林(26.10%)为最。行政登记案件在 5 个地区占比最高,内蒙古(18.67%)相对较高。行政确认在重庆、新疆等 2 个地区占比最高。而上海、天津、海南、宁夏则分别在政府信息公开、行政撤销、行政征收、行政补偿等行为类型的行政纠纷最为高发,都真实反映了各地行政活动的矛盾焦点。

通过对排名前十位的管理领域与行为类型的交叉分析,可以进一步将行政纠纷集中的焦点范围精确于个别管理领域中的个别行为,基于表 1-2-3 的考察可知,资源管理领域中的行政登记(7 331)、行政复议(5 875)、行政补偿(4 241)、行政撤销(2 810)、政府信息公开(2 563)等案件数都很大,几乎涵盖资源管理行政活动的全过程，在现代社会，产权保障制度的完善性是衡量一个国家法治水平的重要标准，也是市场经济繁荣发展的制度前提。因此，在资源管理领域的纠纷长期高居不下，很可能是现行制度难以符合实际的行政需求，或者无法全面保障相对人的合法权益。另一方面，城乡建设领域的行政补偿、行政复议，公安领域的行政处罚、行政复议，社会保障领域的行政确认，也都是容易引发矛盾的行政行为类型，恰好都是相应主管机关的优势职权范围，体现了各个管理领域的行政特点，以上数据也足以引起警示。

表 1-2-3　　管理领域与行为类型的交叉(前十位)

管理领域 / 行为类型	资源管理	城乡建设	公安	社会保障
行政复议	(5)5 875	(8)3 657	(7)3 866	1 717
行政处罚	978	1 073	(1)9 384	109
行政登记	(2)7 331	4 397	931	244
行政补偿	(6)4 241	(3)6 011	285	157
政府信息公开	(10)2 563	1 955	1 268	256
行政确认	1 443	830	474	(4)5 875
行政撤销	(9)2 810	2 277	1 335	908

第三节　行政诉讼当事人情况

行政诉讼的当事人包括行政诉讼一审原告、被告、上诉人、再审申请人等，第三人由于分析技术上的困难而被排除在外。其中，相对人是行政诉讼的启动一方，在某种意义上是行政诉讼发生指数的主导者，因此其特征和偏好具有非常重要的研究意义。整体上看，原告自然人(83.98%)、无律师代理(63.13%)、本地律师代理(73.66%)是行政诉讼原告当事人的主要特征。① 与往年报告的数据水平基本持平，行政诉讼原告仍以自然人为主，律师代理的比例较小，即使有也以本地律师为主，符合一般大众认知。由于行政裁判文书中的当事人的可识别信息都已经做了特别处理，对行政相对人无法进一步展开

① 本地律师代理指的是有律师代理中本地律师所占的比例。

具体分析。以下只能就原告的主体类型、代理、诉讼持续等情况、被告的行政层级分布及其代理情况做一定延伸。

行政相对人可以分为自然人类和法人类(包括其他组织)。2017 年度的行政诉讼案件中,共计自然人类当事人 88 162 件,法人类 16 798 件(法人与自然人共同涉及同一案件的,我们认定为法人案件),自然人占(84.00%)绝对多数。同时,原告法人案件比例位居前列的有广东(32.76%)、广西(24.77%)、云南(25.13%)等地(由于西藏的基数太小,在此不予计入),其中广东的原告法人比例高达 32.76%,远远高于其他地区。对比上述地区,似乎经济水平差异较大。与之相对的,北京(7.54%)、上海(7.90%)、天津(7.93%)、河南(9.69%)等四地的原告法人比例不足 10%,这些地区除了河南之外,前三位皆为经济强省(市),毫无疑问,私营企业的数量也位居全国前列,若说相应地区的营商环境特别好,因而法人提起行政诉讼偏少,恐怕没有多少人会信服。法人类纠纷情况可以间接体现当地营商环境的法治水平,应当结合相关案件违法率的整体数据考察,来分析经济发展水平与法人诉讼率之间的关联性。

原告的律师代理的整体情况是 36.87%,高于民事诉讼(23%)、低于刑事诉讼(60%)的平均水平,也是符合一般认知的。其中,我们将代理情况进一步分为本地律师代理、外地律师代理、无律师代理等。律师代理案件中的本地律师代理率为 73.66%,外地律师代理率为 26.81%。需要说明的是,在部分律师代理案件中存在多个律师,且为本外地律师的组合,故在统计中为了展现事实原貌,确保本外地律师比例的真实性,当出现此类情形时本外地律师均进行计数,故总数会超过 100%。外地律师代理率偏高的地区为贵州(46.89%)、海南(46.55%)、浙江(40.32%)。同时我们发现,尽管北京地区的律师代理率低于全国平均水平,但是其他地区的外地代理律师的属地主要来源于北京,其次是上海、天津,可见发达城市的律师业务基本上能涵盖全国范围。但是,无律师代理率位居前列的地区是上海(83.09%)、天津(78.19%)、黑龙江(73%)。我们发现,上海、天津等地的本地律师代理率都不高的情况下,却也有为数不少的律师在外地承接行政诉讼业务,由此似乎可以推断上述地区的行政诉讼业务并不萎缩,相关人员甚至还积极向全国发展业务。而且行政诉讼的原告代理率只是律师代理的一个方面,当下越来越多的行政法律服务其实是针对行政机关的。这种代理情况可以进一步结合下文中的被告情况以及诉讼持续情况进行分析。

表 1-3-1　各地区行政诉讼原告当事人情况分布

地区	原告自然人案件数	原告自然人案件数比(%)	原告法人案件数	原告法人案件数比(%)	律师代理案件数	律师代理案件比例(%)	本地律师代理案件数	本地律师代理案件比例(%)	外地律师代理案件数	外地律师代理案件比例(%)
安　徽	2 940	82.96	604	17.04	1 675	47.26	1 089	65.01	590	35.22
北　京	4 474	92.46	365	7.54	1 502	31.04	1 321	87.95	218	14.51
福　建	2 904	80.47	705	19.53	1 464	40.57	1 173	80.12	314	21.45
甘　肃	1 243	76.49	382	23.51	723	44.49	567	78.42	155	21.44
广　东	4 780	67.24	2 329	32.76	3 594	50.56	3 206	89.20	405	11.27
广　西	1 391	75.23	458	24.77	832	45.00	663	79.69	170	20.43
贵　州	3 458	84.20	649	15.80	1 879	45.75	1 015	54.02	881	46.89
海　南	748	79.66	191	20.34	623	66.35	332	53.29	290	46.55
河　北	2 495	84.29	465	15.71	929	31.39	629	67.71	304	32.72
河　南	8 053	90.31	864	9.69	3 617	40.56	2 458	67.96	1 162	32.13
黑龙江	1 949	88.75	247	11.25	593	27.00	519	87.52	74	12.48
湖　北	2 966	83.57	583	16.43	1 053	29.67	753	71.51	298	28.30
湖　南	5 911	87.41	851	12.59	1 954	28.90	1 489	76.20	477	24.41
吉　林	1 919	87.11	284	12.89	650	29.51	458	70.46	195	30.00
江　苏	6 176	82.89	1 275	17.11	2 199	29.51	1 558	70.85	649	29.51
江　西	2 026	81.89	448	18.11	997	40.30	535	53.66	464	46.54
辽　宁	3 616	85.55	611	14.45	1 564	37.00	1 358	86.83	215	13.75
内蒙古	879	83.32	176	16.68	496	47.01	391	78.83	105	21.17
宁　夏	614	86.72	94	13.28	303	42.80	234	77.23	70	23.10
青　海	256	83.66	50	16.34	178	58.17	125	70.22	52	29.21
山　东	5 062	81.71	1 133	18.29	2 549	41.15	1 747	68.54	813	31.89
山　西	1 946	85.16	339	14.84	1 093	47.83	786	71.91	308	28.18
陕　西	1 935	84.50	355	15.50	793	34.63	597	75.28	196	24.72
上　海	3 943	92.10	338	7.90	724	16.91	555	76.66	180	24.86
四　川	3 929	85.52	665	14.48	1 362	29.65	1 102	80.91	263	19.31
天　津	1 718	92.07	148	7.93	407	21.81	259	63.64	152	37.35
西　藏	9	69.23	4	30.77	5	38.46	5	100.00	0	0.00
新　疆	814	77.89	231	22.11	440	42.11	390	88.64	49	11.14
云　南	837	74.87	281	25.13	622	55.64	528	84.89	94	15.11
浙　江	6 313	87.18	928	12.82	2 711	37.44	1 633	60.24	1 093	40.32
重　庆	2 858	79.32	745	20.68	1 171	32.50	1 033	88.22	139	11.87
全　国	88 162	84.00	16 798	16.00	38 702	36.87	28 508	73.66	10 375	26.81

被告行政机关的特征统计非常复杂,由于名称繁杂且很多组织的性质不易定位,所以本报告在此仅考察被告当事人的行政层级分布。考察省、市、县、乡等四级地方一级政府及其职能部门的行政诉讼被告分布情况后,我们发现行政诉讼纠纷主要集中于区县一级政府及其职能部门(64.64%),案件总量超过其他层级的总和,这是由于区县级的职能部门是直接和相对人接触的、有完备执法系统的行政机关,接触群众越多自然纠纷也越多。当然,如此大的纠纷量也显示出基层行政活动的压力巨大。另一方面,随着 2016 年中共中央办公厅、国务院办公厅印发《关于推行法律顾问制度和公职律师公司律师制度的意见》,其中政府机关的外聘法律顾问数量可能较以往有很大提升。从 2017 年度的数据看来,被告的律师代理率(46.83%)明显高于原告(36.87%),其中外地律师代理率仅有 1.59%。这种高水平的律师代理率也让人有些疑惑,在政府机关具备完整专业法律服务机构(原法制办,现司法行政部门)的情况下,为何还有这么强烈的律师代理需求,到底是客观需要还是政策导向,本身亦是一个有趣的现象,笔者将专门撰文分析。

表 1-3-2　被告当事人情况分布

原告当事人情况	行政层级				有律师代理	本地律师代理	外地律师代理
	省	市	县	乡			
案件数	10 771	27 945	68 895	11 267	49 157	48 386	781
占比(%)	10.20	26.62	64.64	10.73	46.83	98.43	1.59
高院案件数	3 210	6 838	18 458	1 829	9 542	9 355	182
占比(%)	29.80	24.47	26.80	16.23	19.41	98.04	1.91
撤诉案件数	682	2 733	8 298	1 178	5 322	5 227	110
占比(%)	6.33	9.78	12.04	10.46	10.83	98.21	2.07

与往年报告不同的是,本报告将多诉主体的分析扩张为原告当事人的诉讼持续情况,其中可以包括多诉主体、复议后诉讼、上诉、再审等 4 个方面,据此来整体判断行政纠纷持续的程度。

首先,多诉主体特指在本年度单一当事人提起 3 起以上行政诉讼的主体,我们判断其已经超出正常的维权范围,可能对司法资源的消耗比较严重,也是对既有行政秩序的冲击。总体看来,2017 年度的多诉主体比例(14.73%)已经较上一年度(20.11%)有明显降低。从地域分布上看,北京(32.98%)、上海(32.24%)、广东(24.81%)、天津(24.12%)4 个地区的多诉主体案件比例超过

20%。整体上经济发达地区的多诉案件比例偏高。在现实中，有若干案件往往是围绕一起房屋征收事件所引发的一系列行政登记、行政复议、政府信息公开、行政处罚等案件，而且当事人的年龄偏大，所以能够全身心投入这些利益博弈中去，对这类案件，基于法律技术来解决基本无望，通过法社会学的方法，深入分析多诉案件的主要类型和产生机理则很有必要。

表 1-3-3　　各地区多诉主体的行政诉讼案件数及比例排序

区　域	多诉主体	多诉主体比例(%)
北　京	1 596	32.98
上　海	1 380	32.24
广　东	1 764	24.81
天　津	450	24.12
江　西	534	21.58
四　川	914	19.90
江　苏	1 469	19.72
山　东	1 221	19.71
福　建	662	18.34
浙　江	1 292	17.84
重　庆	607	16.85
山　西	377	16.50
河　南	1 458	16.35
河　北	456	15.41
安　徽	533	15.04
贵　州	571	13.90
陕　西	315	13.76
云　南	140	12.52
广　西	217	11.74
湖　北	400	11.27
海　南	102	10.86
吉　林	235	10.67
宁　夏	70	9.89
湖　南	668	9.88
黑龙江	212	9.65
辽　宁	383	9.06
甘　肃	147	9.05
新　疆	70	6.70
内蒙古	43	4.08
青　海	8	2.61
西　藏	0	0.00
全　国	18 294	17.43

其次,复议后诉讼案件是指原告当事人提起过行政复议后,仍对复议决定不服,进而提起行政诉讼的案件。由于2015年修订后的《行政诉讼法》要求复议机关在复议阶段实质性解决行政纠纷,否则很容易成为共同被告。因此复议后诉讼案件的比例,能充分说明行政内纠纷化解机制的实效性。2017年度的复议后诉讼案件占案件总数的比例达到25.32%,较2016年度(10.90%)有了明显提高,其中可能会有样本采集上的误差。但是,这样的绝对案件数也基本可以说明,在复议制度定位尴尬的现状下,复议机制本身还是有很高的现实需求。从各地区的复议后诉讼案件比例看来,江西(38.64%)、北京(36.41%)、广东(35.01%)、山东(31.64%)、广西(31.04%)、上海(30.23%)等地位居前列,均超过了30%,正是反映了当地行政复议制度在无法有效化解行政纠纷时,为行政诉讼带来了更多负重的困境。相对应地,宁夏(9.75%)、山西(14.09%)、陕西(17.51%)等地的行政复议案件比例相对较低,可见行政复议的纠纷化解机制发挥了良好功能。

表1-3-4　　各地区行政复议后诉讼案件数及比例排序

区　域	复议后诉讼案件	复议后诉讼案件比例(%)
西　藏	8	61.54
江　西	956	38.64
北　京	1 762	36.41
广　东	2 489	35.01
山　东	1 960	31.64
广　西	574	31.04
上　海	1 294	30.23
安　徽	989	27.91
青　海	80	26.14
浙　江	1 892	26.13
天　津	485	25.99
四　川	1 186	25.82
黑龙江	550	25.05
江　苏	1 842	24.72
河　北	729	24.63
吉　林	540	24.51
湖　北	864	24.34
福　建	857	23.75
内蒙古	241	22.84

续表

区　域	复议后诉讼案件	复议后诉讼案件比例(%)
湖　南	1 509	22.32
贵　州	857	20.87
重　庆	736	20.43
辽　宁	863	20.42
新　疆	201	19.23
海　南	177	18.85
甘　肃	303	18.65
云　南	206	18.43
河　南	1 638	18.37
陕　西	401	17.51
山　西	322	14.09
宁　夏	69	9.75
全　国	26 580	25.32

由于本报告的采集样本以中院、高院案件为主，因此上诉案件的比例偏高，本报告数据所体现的平均水平为66%，结合基层法院的一审数据，最终真实数据大概为目前的2/3。从地区来看，河北(80.14%)、广东(75.38%)、辽宁(75.25%)等地位居前列。上诉也就是二审案件，结合行政诉讼的原告胜诉率看，其中绝大部分是行政相对人上诉。一般而言，提起行政诉讼就已经是公民的慎重选择，因此一旦提起，若没有达到诉讼目的，很可能会坚持上诉，甚至继续启动再审或行政检察监督。

表1-3-5　　各地区上诉案件数及比例排序

区　域	上诉案件	上诉案件比例(%)
河　北	2 372	80.14
广　东	5 359	75.38
辽　宁	3 181	75.25
北　京	3 597	74.33
江　苏	5 488	73.65
四　川	3 339	72.68
云　南	808	72.27
上　海	3 032	70.82
黑龙江	1 516	69.03

续表

区　域	上诉案件	上诉案件比例(%)
山　东	4 273	68.97
安　徽	2 393	67.52
广　西	1 245	67.33
重　庆	2 383	66.14
天　津	1 233	66.08
河　南	5 741	64.38
湖　北	2 264	63.79
福　建	2 266	62.79
浙　江	4 428	61.15
陕　西	1 361	59.43
贵　州	2 407	58.61
内蒙古	615	58.29
吉　林	1 249	56.70
湖　南	3 762	55.63
青　海	170	55.56
江　西	1 334	53.92
甘　肃	871	53.60
山　西	1 213	53.09
海　南	492	52.40
新　疆	546	52.25
宁　夏	344	48.59
西　藏	6	46.15
全　国	69 288	66.00

依据《行政诉讼法》第 90 条、91 条规定，行政诉讼双方都可以对已经发生法律效力的判决、裁定，认为确有错误的，向上一级人民法院申请再审(但是行政机关申请再审的比例甚微，可以忽略不计)。可见，当事人提起再审申请，表明对行政纠纷的维权诉求比较执着。法院若初步判断原审具备法定的 8 种违法情形而受理再审案件的，说明行政行为或多或少都存在瑕疵，因此行政诉讼再审案件比例是行政纠纷持续的重要表征。2017 年度全国行政诉讼再审案件数为 8 738 件，占案件总数的 8.32%。而西藏(30.77%)、吉林(21.24%)、新疆(20.00%)、黑龙江(18.17%)、天津(15.27%)等 4 个地区的再审率显著高于其他地区以及全国平均水平，由此可见，当地的行政纠纷即使经过法院二审判决都无法化解纠纷，相关行政纠纷类型和社会风险值得进一步考察。

表 1-3-6　　各地区行政诉讼再审案件数及比例排序

区　域	再审案件	再审案件比例(%)
西　藏	4	30.77
吉　林	468	21.24
新　疆	209	20.00
黑龙江	399	18.17
天　津	285	15.27
青　海	42	13.73
福　建	464	12.86
山　西	278	12.17
湖　南	814	12.04
四　川	528	11.49
内蒙古	118	11.18
陕　西	228	9.96
河　北	289	9.76
广　东	679	9.55
江　苏	679	9.11
上　海	373	8.71
重　庆	297	8.24
湖　北	287	8.09
辽　宁	323	7.64
山　东	460	7.43
云　南	82	7.33
江　西	181	7.32
浙　江	511	7.06
甘　肃	102	6.28
贵　州	236	5.75
安　徽	197	5.56
广　西	98	5.30
宁　夏	16	2.26
海　南	14	1.49
河　南	53	0.59
北　京	25	0.52
全　国	8 739	8.32

最后，将原告当事人的类型和代理情况与行政诉讼的持续情况做一个交叉分析，可以发现几个有趣的现象：一方面，法人及其他组织会持续进行诉讼的比例相当低，尤其是再审案件量仅占 11.82%，可见法人组织的活动讲求经

济理性,可能不会长期执着于希望不大的诉讼活动。另一方面,与以往的认知不同,复议后诉讼、上诉以及再审的律师代理率都低于平均水平,尤其是再审案件,律师代理案件数仅有1.54%,绝大部分案件是由当事人自己操刀。

表1-3-7　　原告当事人与诉讼持续情况交叉

当事人情况 诉讼持续程度	自然人	法人	有律师代理	本地律师代理	外地律师代理
多诉主体(%)	15 460	2 834	4 206	2 848	1 390
	84.51	15.49	4.01	67.71	33.05
复议后诉讼(%)	22 186	4 394	8 951	6 122	2 900
	83.47	16.53	8.53	68.39	32.40
上诉(%)	56 972	12 304	25 090	19 868	5 336
	82.24	17.76	23.90	79.19	21.27
再审(%)	7 705	1 033	1 616	1 284	336
	88.18	11.82	1.54	79.46	20.79

第四节　行政诉讼特殊类型的案件情况

除了行政诉讼发生领域和当事人情况之外,行政诉讼发生的数据中还存在一些独特的指数,比如不予受案、高院案件、撤诉案件等。上述案件量的分析对行政诉讼的发生机理也有一定价值。

表1-4-1　　不予受案案件数与原告当事人交叉分析

原告当事人类型	自然人	法人	多诉主体	有律师代理	当地律师	外地律师
案件数	88 162	16 798	18 294	38 702	28 508	10 375
不予受案数	43 032	5 360	9 171	13 180	9 409	3 841
占比(%)	48.81	31.91	50.13	34.06	33.00	37.02

不予受案的案件包括不予立案、不予受理,驳回起诉、驳回上诉、再审等的裁定案件类型。不予受案意味着原告起诉不符合法定要求、存在法律上受案范围的限制或者其他原因,导致行政纠纷无法被纳入司法救济的渠道。但是

行政诉讼的出现即意味着纠纷的客观存在，若法院没有受理，亦有可能导向其他维权途径，因此不予受案是行政诉讼发生指数考察的重要内容。整体上，不予受案案件数高达48 392件，占案件总量的46.11%，与上一年度的水平相差不大。其中多诉主体、无律师代理群体的不予受案情况略高于平均水平。地域分布上，处于不予受案率高比例区间的地区有天津(68.22%)、黑龙江(62.16%)、北京(61.31%)、浙江(52%)、吉林(50.84%)、湖南(50.62%)，其中浙江和湖南的案件数和比例较上一年度有显著提高。如果将不予受案作为法院的专业判断的话，那么不予受案结论就是该起行政纠纷的法定判断，说明这些纠纷不应当作为政府负面效应的评价要素。但是如果从行政纠纷化解的角度而言，这项数据则意味着纠纷化解没有可能，那么当不予受案数高居不下时，行政机关亦要反省自身的社会治理出现了什么问题，为何会发生如此多的行政纠纷？

表1-4-2　　各地区不予受案数及比例

比例区间	地区	不予受案数	占比(%)
高比例区间	天津	1 273	68.22
	黑龙江	1 365	62.16
	北京	2 967	61.31
	浙江	3 765	52.00
	吉林	1 120	50.84
	湖南	3 423	50.62
中高比例区间	四川	2 296	49.98
	福建	1 762	48.82
	辽宁	2 057	48.66
	云南	538	48.12
	江苏	3 573	47.95
	新疆	500	47.85
中位比例区间	内蒙古	499	47.30
	青海	143	46.73
	西藏	6	46.15
	湖北	1 634	46.04
	海南	423	45.05
	广东	3 197	44.97
	陕西	1 029	44.93

续表

比例区间	地区	不予受案数	占比(%)
中低比例比例区间	甘肃	728	44.80
	重庆	1 611	44.71
	安徽	1 572	44.36
	河北	1 280	43.24
	贵州	1 724	41.98
	宁夏	289	40.82
低比例区间	山西	914	40.00
	山东	2 476	39.97
	江西	950	38.40
	上海	1 608	37.56
	河南	3 081	34.55
	广西	589	31.86

在行政诉讼案件的管辖规则中,高院案件一般包括一审在中院的案件以及向高院提起再审的案件,理论上还包括本辖区的重大案件(但是基本没有出现过),因此高院审理的案件无论持续程度抑或案件影响都比较大,在一定程度上可以反映各地区行政纠纷发生的冲突和疑难程度。在大众认知中,行政案件的审级越高就越有利于排除公权力的干预,对基层乃至中级法院的裁判不信服,就会继续诉至高院。因此高院审理的案件数越多,也可以说明当地的法治环境不容乐观。另外,高院审理案件的原告律师代理率远低于一般水平,似乎和日常的认知不符,也就是说,看似比较重大或者疑难的高院级别案件,原告却不倾向于聘请专业律师,那么原告对自己的专业能力充满自信,抑或是坚信自己应当胜诉,甚至是单纯地想通过上诉来宣泄自己的不满或故意通过诉讼形式来刁难行政机关,值得进一步深入分析。2017 年度全国高院行政诉讼判决书共 26 363 件,占行政诉讼案件总数的 25.12%。地区的高院案件比例上,黑龙江(44.13%)、新疆(40.10%)、海南(39.94%)、甘肃(35.38%)、贵州(34.45%)、吉林(31.77%)等地处于高比例区间。

表 1-4-3　　高院案件数与原告当事人交叉分析

原告当事人情况	自然人	法人	多诉主体	有律师代理	当地律师代理	外地律师代理
高院案件数	23 266	3 097	4 056	7 986	5 102	2 924
占比(%)	88.25	11.75	15.39	30.30	63.89	33.61

表 1-4-4　　各地区行政诉讼高院案件数及比例

比例区间	地区	高院案件数	比例(%)
高比例区间	黑龙江	969	44.13
	新　疆	419	40.10
	海　南	375	39.94
	甘　肃	575	35.38
	贵　州	1 415	34.45
	吉　林	700	31.77
中高比例区间	云　南	354	31.66
	西　藏	4	30.77
	青　海	94	30.72
	广　西	566	30.61
	上　海	1 254	29.29
	安　徽	1 013	28.58
中位比例区间	湖　南	1 809	26.75
	四　川	1 221	26.58
	重　庆	921	25.56
	内蒙古	269	25.50
	天　津	470	25.19
	江　苏	1 813	24.33
	山　东	1 490	24.05
中低比例区间	广　东	1 613	22.69
	湖　北	805	22.68
	河　南	2016	22.61
	山　西	509	22.28
	福　建	779	21.58
	陕　西	487	21.27
低比例区间	浙　江	1 534	21.18
	江　西	508	20.53
	河　北	594	20.07
	北　京	949	19.61
	宁　夏	121	17.09
	辽　宁	717	16.96

撤诉案件的数量有两方面的表征意义，一方面可能是由于政府在诉讼过程中通过努力，和行政相对人所达成的双方妥协，可以视为纠纷化解的一种成果。另一方面，更多的可能在于行政机关为了避免败诉，而做出自我纠正或让

步，甚至付出一定代价，满足了行政相对人的诉讼目的或争取到行政相对人的谅解，那么撤诉率也可以看作是行政违法的另一种体现。2017 年度的撤诉案件数为 11 251 件，占案件总数的 10.72%，较上一年度略有提高。值得注意的是，原告有律师代理案件的撤诉比例较没有律师代理的比例更低一些，可能说明聘请专业律师介入后，原告会更加依法坚持自身的诉求。在撤诉案件的地域分布中，宁夏(27.54%)、甘肃(19.14%)、陕西(18.25%)、山西(16.37%)、河南(16.33%)、广西(16.28%)处于高比例区间。如前所述，虽然行政诉讼撤诉一般意味着行政纠纷得到化解，但事实上撤诉多表现为行政机关做出了某些让步和妥协，说明行政过程中或多或少存在违法或瑕疵，因此这组数据将在下文的司法指数评估中适用于不同的二级指标，用以论证不同的表征意义。

表 1-4-5　　撤诉案件数与原告当事人交叉分析

原告当事人情况	自然人	法人	多诉主体	有律师代理	当地律师代理	外地律师代理
撤诉案件数	8 914	2 337	1 416	4 430	3 577	865
占比(%)	79.23	20.77	12.59	39.37	80.74	19.51

表 1-4-6　　各地区行政诉讼撤诉案件数及比例

比例区间	地区	撤诉案件数	比例(%)
高比例区间	宁夏	195	27.54
	甘肃	311	19.14
	陕西	418	18.25
	山西	374	16.37
	河南	1 456	16.33
	广西	301	16.28
中高比例区间	西藏	2	15.38
	新疆	150	14.35
	湖北	503	14.17
	安徽	475	13.40
	江苏	972	13.05
	青海	36	11.76
中位区间	湖南	735	10.87
	四川	488	10.62
	山东	654	10.56

续表

比例区间	地区	撤诉案件数	比例(%)
中低比例区间	江西	261	10.55
	重庆	374	10.38
	内蒙古	101	9.57
	辽宁	403	9.53
	贵州	390	9.50
	福建	332	9.20
	广东	625	8.79
	云南	96	8.59
	浙江	615	8.49
低比例区间	海南	63	6.71
	天津	119	6.38
	吉林	140	6.35
	河北	185	6.25
	黑龙江	117	5.33
	北京	257	5.31
	上海	103	2.41

第二章　行政违法指数

行政违法指数是法治政府司法指数的重要组成部分。本章以 2017 年各个省、自治区、直辖市的中级人民法院和高级人民法院判决行政机关违法的全部 9 873 份判决书为主要研究对象，辅助于 2017 年各个省、自治区、直辖市的中院和高院的全部 45 317 份行政判决书、59 643 份行政裁决书，从行政违法数及结构分析、行政违法排名的变量分析这两部分展开研究。

第一节　行政违法数的省级行政区排名

在此首先要制作和分析行政违法数排名，再分析行政违法数在领域、行为类型、违法情形、当事人方面的分布。行政违法数排名是行政违法数在各个省、自治区、直辖市的分布，是行政违法数的中国地图式呈现，这是本研究的出发点，所有工作都紧紧围绕于此。行政管理领域很多，比如城乡建设、人力资源和社会保障、公安、工商等。普通民众所熟悉这些领域，时常打交道，其相关数据不仅体现了行政执法的范围，还与老百姓的日常生活息息相关。行政行为有不同的类型，比如行政登记、行政强制、行政补偿、行政公开等。违法情形有主要证据不足、适用法律法规错误、不作为等。这些都是行政实务界常用的概念，也是理论界构筑行政行为体系的重要范畴，其相关数据对实务和理论都能发挥很好的指引作用。

根据我们的统计，2017 年全国中院和高院判决行政行为违法的判决数为 9 873 个，平均每个省级行政区为 318 个。从表 2－1－1 中可以看出，判决行政行为违法的案件数多于或接近 500 个的有 6 个省级行政区，分别为河南、贵州、山东、广东、辽宁、浙江。这 6 个省级行政区的行政违法案件数占全国行政违法案件数的 46.30%。其中，列首位的河南有 1 325 个行政违法案件，占全国行政违法案件数的 13.40%。贵州和山东的违法案件数量分别占全国行政违法案件数的8.90%、7.40%。广东、辽宁、浙江之间的数量差距不大。这6个省级行政区排在前列，一个重要原因就是人口多。尤其广东、山东、河南，都是人口大省前三名。判决行政行为违法的案件数少于100个的有5个省级行政区，分别是宁夏(81个)、天津(45个)、上海(27个)、青海(25个)、西藏(1个)。这五个省级行政区的行政违法案件数只占全国行政违法案件数的1.80%。尤其是上海、天津，作为人口多、人口密度大的直辖市能排在最后5位内，说明它们法治政府建设很有成效。

表2-1-1　各省级行政区判决行政违法案件数

违法案件数排名	省级行政区	判决违法案件数	撤诉案件数	判决违法案件数+撤诉案件数(排名)
1	河　南	1 325	1 456	2 781(1)
2	贵　州	882	390	1 272(3)
3	山　东	730	654	1 384(2)
4	广　东	577	652	1 229(5)
5	辽　宁	571	403	974(8)
6	浙　江	493	615	1 108(7)
7	湖　南	469	735	1 204(6)
8	福　建	378	332	710(12)
9	四　川	359	488	847(9)
10	安　徽	345	475	820(12)
11	湖　北	336	501	837(10)
12	山　西	335	374	709(13)
13	江　苏	289	972	1 261(4)
14	河　北	288	185	473(19)
15	广　西	284	301	585(15)
16	江　西	279	261	540(17)
17	陕　西	278	418	696(14)
18	吉　林	221	140	361(21)
19	重　庆	202	374	576(16)
20	甘　肃	198	311	509(18)
21	黑龙江	193	117	310(22)
22	北　京	151	257	408(20)
23	海　南	138	63	201(27)
24	云　南	130	96	226(25)
25	内蒙古	124	101	225(26)

续表

违法案件数排名	省级行政区	判决违法案件数	撤诉案件数	判决违法案件数+撤诉案件数(排名)
26	新　疆	119	150	269(24)
27	宁　夏	81	195	276(23)
28	天　津	45	119	164(28)
29	上　海	27	103	130(29)
30	青　海	25	36	61(30)
31	西　藏	1	2	3(31)

2016 年判决行政行为违法案件数前 5 位分别为河南、山东、广东、贵州、浙江,最后 5 位是上海、青海、新疆、天津、西藏;宁夏违法案件数为 190 件,排 19 名。2017 年与 2016 年比总体差别不大,前 4 位没有变化,只是第 5 位从浙江变成了辽宁,最后 5 位中没了新疆;变化较大的是宁夏进入了最后 5 位,排第 27 名,说明宁夏法治政府建设取得了进步。

在行政诉讼实践中,时常会出现当事人撤诉现象。撤诉有多种,但实践中往往是因为行政机关认识到自己的行政行为违法,对原行政行为作出纠正,或者与原告达成和解,原告基于诉讼目的已经达到而撤诉。所以,撤诉案件近似行政违法案件,在考察行政违法时,撤诉案件数也很有意义,可以将判决行政违法案件数与撤诉案件数加在一起进行观察分析。从表 2-1-1 中可以看出,加上撤诉数后,各省级行政区排名总体变化不大;第 1 位河南、第 15 位广西以及最后 4 位没有变化;由于江苏撤诉案件数很大,972 件,是违法案件数的 3 倍多,所以排名从第 14 位变为第 3 位,这个位次变化非常大。2016 年,江苏违法案件数 303 件,排名第 9,加上 686 个撤诉案件后,排名变为第 4 位,5 位变动也是不小变化。说明江苏非常重视撤诉工作,分析江苏情况时,不能忽视其撤诉案件。

第二节　行政违法数的管理领域分布

一、各领域行政违法案件数排名

中国裁判文书网将行政案件涉及的领域划分为资源行政管理、城乡建设行政管理、人力资源和社会保障行政管理、公安行政管理、其他行政管理等 42 个领域。其中，其他行政管理领域是指省、市、县、区各级人民政府。需要特别说明的是，由于一个案件可能涉及几个管理领域，为了准确反映各个领域的真实情况，统计时不得不重复计算，所以表中总数的合计数会多于行政违法案件总数，各领域占比相加所得总数也会大于 100%。

从表 2-2-1 中可以看出，总数高于 600 个，排在前 5 位的依次是资源行政管理、城乡建设行政管理、人力资源和社会保障行政管理、公安行政管理以及其他行政管理。有大约 2/3 的管理领域总的违法案件数少于 40 个，有超过 4/5 的管理领域总的违法案件数少于 100 个，与 2016 年的数据相比，少于 100 个违法案件数的管理领域增幅明显。行政违法案件数集中在前 7 个管理领域，其中资源行政管理以 3 534 的数字高居首位，紧接其后的是城市建设行政管理领域共 3 299 个违法案件，这两者较 2016 年的行政违法案件数有大幅增长，占据违法案件总数的 2/3，说明在土地、林业、能源以及我国各地城市大拆大建过程中出现纠纷和行政违法的情况很突出，甚至比 2017 年有更为严峻的态势，这是我国经济快速发展以及城市化和旧城改造快速推进过程中的常见现象；实践中工伤认定纠纷多等问题把人力资源和社会保障行政管理领域推到了违法案件数的前列，说明我国现有的社会保障制度以及社会保障工作仍有不少需要完善的地方；公安行政管理是传统的强势部门，一直以来行政行为数量巨大，纠纷多，行政违法数也较为突出。

表 2-2-1　　各领域行政违法案件数

排名	领　域	违法数	■	◆	考虑撤诉数	
					●	★
1	资源行政管理	3 534	35.79%(1)	27.43%(8)	40.12%(9)	29.65%(1)
2	城乡建设行政管理	3 299	33.41%(2)	29.88%(5)	44.25%(5)	29.09%(2)
3	人力资源和社会保障行政管理	1 144	11.59%(3)	15.57%(24)	25.70%(29)	10.16%(4)
4	公安行政管理	914	9.26%(4)	10.55%(33)	17.16%(37)	7.60%(5)
5	其他行政管理	608	6.16%(5)	30.58%(4)	72.99%(1)	17.66%(3)
6	乡政府行政管理	260	2.63%(6)	23.59%(13)	23.13%(31)	3.37%(6)
7	工商行政管理	179	1.81%(7)	21.91%(15)	33.68%(16)	1.53%(7)
8	交通运输行政管理	80	0.81%(8)	14.93%(27)	31.84%(19)	1.01%(8)

续表

排名	领　　域	违法数	■	◆	考虑撤诉数	
					●	★
9	食品药品安全行政管理	64	0.65%(9)	22.94%(14)	22.56%(33)	0.53%(11)
10	环境保护行政管理	62	0.63%(10)	26.16%(10)	37.05%(12)	0.49%(12)
11	农业行政管理	61	0.62%(11)	15.80%(23)	31.14%(22)	0.70%(9)
12	质量监督检验检疫行政管理	53	0.54%(12)	15.50%(25)	29.34%(24)	0.57%(10)
13	卫生行政管理	48	0.49%(13)	17.02%(19)	22.77%(32)	0.33%(15)
14	水利行政管理	48	0.49%(14)	32.00%(3)	41.38%(8)	0.34%(14)
15	计划生育行政管理	45	0.46%(15)	21.53%(16)	27.11%(27)	0.29%(19)
16	财政行政管理	44	0.45%(16)	18.41%(18)	24.42%(30)	0.30%(18)
17	民政行政管理	37	0.37%(17)	12.76%(30)	26.88%(28)	0.44%(13)
18	经贸管理行政	33	0.33%(18)	54.10%(1)	58.82%(2)	0.19%(20)
19	教育行政管理	28	0.28%(19)	16.57%(20)	31.22%(21)	0.30%(17)
20	邮政行政管理	27	0.27%(20)	27.55%(7)	29.00%(25)	0.14%(25)
21	旅游行政管理	25	0.25%(21)	32.89%(2)	39.29%(10)	0.16%(21)
22	司法行政管理	19	0.19%(22)	11.95%(32)	18.60%(36)	0.15%(22)
23	税务行政管理	18	0.18%(23)	12.33%(31)	33.33%(17)	0.30%(16)
24	电力行政管理	17	0.17%(24)	25.76%(11)	38.75%(11)	0.15%(23)
25	物价行政管理	12	0.12%(25)	16.44%(21)	33.70%(15)	0.15%(24)
26	文化行政管理	12	0.12%(26)	16.22%(22)	29.55%(23)	0.12%(27)
27	国有资产行政管理	11	0.11%(27)	20.37%(17)	28.33%(26)	0.08%(31)
28	体育行政管理	8	0.08%(28)	28.57%(6)	48.72%(3)	0.09%(30)
29	金融行政管理	6	0.06%(29)	5.66%(37)	22.48%(34)	0.14%(26)
30	专利行政管理	5	0.05%(30)	14.71%(28)	35.56%(14)	0.08%(32)
31	新闻出版行政管理	5	0.05%(31)	25.00%(12)	31.82%(20)	0.03%(35)
32	审计行政管理	5	0.05%(32)	9.62%(35)	32.86%(18)	0.11%(29)
33	行政监察	5	0.05%(33)	8.47%(36)	20.59%(35)	0.07%(33)
34	统计行政管理	3	0.03%(34)	27.27%(9)	42.86%(6)	0.03%(36)
35	广播电视行政管理	2	0.02%(35)	14.29%(29)	14.29%(38)	0.01%(39)
36	盐业行政管理	2	0.02%(36)	15.38%(26)	42.11%(7)	0.04%(34)
37	商标行政管理	1	0.01%(37)	10.00%(34)	35.71%(13)	0.02%(37)
38	信息电信行政管理	1	0.01%(38)	4.76%(38)	13.04%(39)	0.01%(38)

续表

排名	领　域	违法数	■	◆	考虑撤诉数	
					●	★
39	海关行政管理	1	0.01%(39)	3.70%(39)	48.00%(4)	0.11%(28)
40	外汇行政管理	0	0.00%(40)	0.00%(40)	0.00%(41)	0.00%(41)
41	烟草专卖行政管理	0	0.00%(41)	0.00%(41)	5.56%(40)	0.00%(40)
42	外资管理行政	0	0.00%(42)	0.00%(42)	0.00%(42)	0.00%(42)

注：
排名，系按判决违法案件数从多到少的排名。
■代表判决违法案件数与全部判决违法案件数(9 873 个)的比例。
◆代表本领域的判决违法案件数占本领域的判决案件数的比例以及排名。
●代表本领域的判决违法案件数加撤诉案件数，与本领域的判决案件数加撤诉案件数的比例以及排名。
★代表本领域判决违法案件数加本领域撤诉案件数，与判决违法案件数加撤诉案件数的比例以及排名。

从本领域判决行政违法案件数与本领域判决案件数之比看，排在前 6 位的依次是经贸管理行政、旅游行政管理、水利行政管理、其他行政管理、城市建设行政管理以及体育行政管理。说明在这几个领域，纠纷形成后，作为当事人一方的行政机关违法概率高，尤其是排在前列、案件数还不少的城市建设行政管理、其他行政管理领域。

如前所述，考察行政违法时撤诉案件数也有重要意义，这里也需要联系各领域的撤诉案件数进行考察。在本领域判决行政违法案件数加本领域撤诉案件数，占本领域判决案件数加该地区撤诉案件数之比的排名中，前五位分别是公安行政管理、经贸行政管理、体育行政管理、海关行政管理和城乡建设行政管理。本领域判决违法案件数加本领域撤诉案件数与判决违法案件数加撤诉案件数之比的排名，与判决违法案件数排名很相近。

二、行政违法案件集中领域的省级行政区排名

我们选取行政违法案件数排在前列的资源行政管理、城乡建设行政管理、人力资源和社会保障行政管理、公安行政管理等 4 个领域，按地区进行了排名。这几个领域数字大，统计意义也大。省、市、县区人民政府所在的其他行政管理领域、乡政府行政管理领域虽然数字也较大，排在前列，但它们是政府或类似于政府，与一般的管理领域概念有别，所以在此不予特别观察。

从表2-2-2中可以看出,不论是从资源管理领域判决行政违法案件数,还是该数在该地区判决行政违法案件总数中的占比来看,云南、贵州、广西都很靠前,因为这些省级行政区自然资源比较丰富,资源型经济比重较大,资源领域案件多发频发,违法现象严重。相反,上海、北京等大城市自然资源少,相关案件少,表中的相关排序就靠后。在该省级行政区资源领域判决行政违法数加资源领域撤诉案件数,占该省级行政区判决违法案件总数加撤诉案件数之比的排名中,广西、云南、贵州、重庆和黑龙江占据前五,这与行政违法案件数的排名差异较大。而在省级行政区资源领域判决违法数加资源领域撤诉案件数,占全国资源领域判决违法案件数加全国资源领域撤诉案件数之比的排名,与行政违法数的排名差别不大。

表2-2-2　资源行政领域的省级行政区排名

排名	省级行政区	违法数	占比(排名)	全国占比(排名)	考虑撤诉数	
					◇	□
1	贵　州	488	55.33%(2)	13.81%(1)	51.49%(3)	10.46%(1)
2	河　南	437	32.98%(16)	12.37%(2)	22.04%(25)	9.79%(2)
3	山　东	246	33.70%(14)	6.96%(3)	32.15%(11)	7.10%(3)
4	广　东	217	37.61%(12)	6.14%(4)	26.44%(20)	5.19%(6)
5	湖　南	185	39.45%(9)	5.23%(5)	35.55%(8)	6.83%(4)
6	广　西	145	51.06%(3)	4.10%(6)	59.32%(1)	5.54%(5)
7	河　北	144	50.00%(5)	4.07%(7)	38.27%(6)	2.89%(16)
8	福　建	142	37.57%(13)	4.02%(8)	27.75%(16)	3.14%(14)
9	浙　江	133	26.98%(23)	3.76%(9)	25.99%(21)	4.60%(7)
10	辽　宁	127	22.24%(28)	3.59%(10)	22.69%(24)	3.53%(12)
11	安　徽	114	33.04%(15)	3.23%(11)	27.93%(15)	3.66%(11)
12	陕　西	108	38.85%(10)	3.06%(12)	35.92%(7)	3.99%(8)
13	山　西	100	29.85%(19)	2.83%(13)	27.08%(19)	3.07%(15)
14	黑龙江	98	50.78%(4)	2.77%(14)	39.35%(5)	1.95%(20)
15	重　庆	98	48.51%(6)	2.77%(14)	40.28%(4)	3.70%(9)
16	四　川	96	26.74%(24)	2.72%(16)	27.39%(17)	3.70%(10)
17	吉　林	85	38.46%(11)	2.41%(17)	34.07%(9)	1.96%(19)
18	湖　北	82	24.4%(27)	2.32%(18)	19.47%(26)	2.60%(17)
19	云　南	78	60.00%(1)	2.21%(19)	52.65%(2)	1.90%(21)
20	江　西	76	27.24%(22)	2.15%(20)	28.52%(14)	2.46%(18)
21	江　苏	72	24.91%(26)	2.04%(21)	17.13%(29)	3.45%(13)

续表

排名	省级行政区	违法数	占比（排名）	全国占比（排名）	考虑撤诉数	
					◇	□
22	甘　肃	61	30.81%(18)	1.73%(22)	23.38%(23)	1.90%(22)
23	北　京	42	27.81%(21)	1.19%(23)	18.14%(28)	1.18%(24)
24	内蒙古	35	28.23%(20)	0.99%(24)	29.78%(13)	1.07%(26)
25	宁　夏	34	41.98%(7)	0.96%(25)	27.17%(18)	1.20%(23)
26	新　疆	31	26.05%(25)	0.88%(26)	25.65%(22)	1.10%(25)
27	海　南	28	20.29%(30)	0.79%(27)	33.33%(10)	1.07%(27)
28	天　津	18	40.00%(8)	0.51%(28)	18.29%(27)	0.48%(28)
29	青　海	8	32.00%(17)	0.23%(29)	31.15%(12)	0.30%(29)
30	上　海	6	22.22%(29)	0.17%(30)	9.23%(30)	0.19%(30)
31	西　藏	0	0.00%(31)	0.00%(31)	0.00%(31)	0.00%(31)

注：

排名，系资源领域判决行政违法数从多到少的排名。

违法数，系该省级行政区资源领域判决违法案件数。

占比（排名），系该省级行政区资源领域判决违法数占该省级行政区判决违法总数的比例，以及按比例从大到小的排名。

全国占比（排名），系该省级行政区资源领域判决违法数占全国资源领域判决违法数的比例，以及从大到小的排名。

◇代表该省级行政区资源领域判决行政违法数加资源领域撤诉案件数，占该省级行政区判决违法案件总数加撤诉案件数的比例，以及从大到小的排名。

□代表该省级行政区资源领域判决违法数加资源领域撤诉案件数，占全国资源领域判决违法案件数加全国资源领域撤诉案件数的比例，以及从大到小的排名。

从表2-2-3可以看出，从城乡建设领域判决行政违法案件数来看，河南、贵州、浙江的违法案件数位居前列，尤其以河南600件为最多，是排名第二的贵州的近2倍；从该地区在该领域的全国占比来看，河南占据了全国近20%的行政违法案件数，贵州也有近10%。从该数在该地区判决行政违法案件总数中的占比来看，海南以76.81%的高占比位列第一，其次是占59.26%的宁夏，而河南省也有45.28%的占比。这反映了河南、海南以及贵州等是该领域案件多发频发地区，说明这些地区在城乡建设领域快速发展，城市扩张速度加快，但是相应的执法水平较低，造成了行政机关违法案件数偏多的结果。值得注意的是，江西、湖北、安徽、江苏4个省份违法案件数处于中等水平，但是其占比普遍达到了40%—50%，说明在这几个地区中该领域的违法案件较为频发。相反，云南、上海、天津、青海则是较少发生该领域案件的地区，虽然上海和青海在该领域判决行政违法案件数上较少，但是其占比较高，说明这几个地区该领域违法频率较高。

表 2-2-3　　城乡建设领域的省级行政区排名

排名	省级行政区	违法数	占比(排名)	全国占比(排名)	考虑撤诉数	
					◇	□
1	河　南	600	45.28%(5)	18.19%(1)	36.68%(8)	16.60%(1)
2	贵　州	309	35.03%(18)	9.37%(2)	34.59%(11)	7.16%(2)
3	浙　江	216	43.81%(8)	6.55%(3)	31.77%(17)	5.73%(6)
4	山　东	175	23.97%(24)	5.30%(4)	17.49%(27)	3.94%(9)
5	辽　宁	167	29.25%(20)	5.06%(5)	23.00%(23)	3.65%(10)
6	湖　北	150	44.64%(6)	4.55%(6)	47.91%(2)	6.53%(3)
7	安　徽	149	43.19%(9)	4.52%(7)	36.71%(7)	4.90%(7)
8	江　西	137	49.10%(4)	4.15%(8)	35.74%(10)	3.14%(11)
9	山　西	127	37.91%(13)	3.85%(9)	41.61%(3)	4.80%(8)
10	江　苏	122	42.21%(11)	3.7%(10)	31.09%(18)	6.38%(4)
11	福　建	112	29.63%(19)	3.39%(11)	23.66%(22)	2.73%(13)
12	海　南	106	76.81%(1)	3.21%(12)	59.70%(1)	1.95%(17)
13	湖　南	106	22.60%(25)	3.21%(13)	30.32%(19)	5.94%(5)
14	吉　林	83	37.56%(14)	2.52%(14)	41.00%(4)	2.41%(16)
15	陕　西	78	28.06%(22)	2.36%(15)	24.14%(21)	2.73%(14)
16	广　东	76	13.17%(29)	2.3%(16)	14.73%(29)	2.95%(12)
17	黑龙江	71	36.79%(15)	2.15%(17)	33.87%(13)	1.71%(18)
18	广　西	70	24.65%(23)	2.12%(18)	17.61%(26)	1.68%(19)
19	甘　肃	57	28.79%(21)	1.73%(19)	32.22%(16)	2.67%(15)
20	内　蒙	55	44.35%(7)	1.67%(20)	38.22%(5)	1.40%(23)
21	北　京	54	35.76%(16)	1.64%(21)	22.55%(24)	1.50%(21)
22	新　疆	51	42.86%(10)	1.55%(22)	34.20%(12)	1.50%(22)
23	河　北	48	16.67%(28)	1.45%(23)	17.76%(25)	1.37%(24)
24	宁　夏	48	59.26%(2)	1.45%(24)	36.23%(9)	1.63%(20)
25	重　庆	36	17.82%(27)	1.09%(25)	12.85%(30)	1.20%(26)
26	四　川	32	8.91%(30)	0.97%(26)	9.80%(31)	1.35%(25)
27	云　南	24	18.46%(26)	0.73%(27)	17.26%(28)	0.63%(29)
28	天　津	16	35.56%(17)	0.48%(28)	27.44%(20)	0.73%(27)
29	上　海	14	51.85%(3)	0.42%(29)	33.85%(14)	0.72%(28)
30	青　海	10	40.00%(12)	0.30%(30)	37.70%(6)	0.37%(30)
31	西　藏	0	0.00%(31)	0.00%(31)	33.33%(15)	0.02%(31)

注：

排名，系城乡建设领域判决违法案件数从大到小的排名。

违法数，系该省级行政区城乡建设领域判决违法的案件数。

占比(排名)，系该省级行政区城乡建设领域判决违法数，占该省级行政区判决违法总数的比例，以及从大到小的排名。

全国占比(排名)，系该省级行政区城乡建设领域判决违法的案件数，占全国城乡建设领域判决违法案件数的比例，以及从大到小的排名。

◇代表该省级行政区城乡建设领域判决违法数加城乡建设领域撤诉数，占该省级行政区判决违法数加撤诉数的比例，以及从大到小的排名。

□代表该省级行政区城乡建设领域判决违法数加城乡建设领域撤诉数，占全国城乡建设领域判决违法案件数加全国城乡建设领域撤诉数的比例，以及从大到小的排名。

在该省级行政区城乡建设领域判决违法数加城乡建设领域撤诉数，占该省级行政区判决违法数加撤诉数之比的排名中，海南、湖北、山西、吉林和内蒙古分别位居前5位，尤其是海南在违法案件数排名仅第12名，却在加上撤诉数之后排名第1，说明海南的撤诉数和撤诉率较高。在该省级行政区城乡建设领域判决违法数加城乡建设领域撤诉数，占全国城乡建设领域判决违法案件数加全国城乡建设领域撤诉数之比的排名中，第1和第2位依然是行政违法案件数最多的河南和贵州，湖北位列第3，接着是江苏和湖南。值得注意的是，山东行政违法案件数在全国占比排名中位列第4，但是在考虑撤诉数之后却位列第10。

从表2-2-4中可以看出，不论是从人力资源和社会保障行政违法案件数，还是从该数在该地区判决行政违法案件总数中的占比来看，辽宁、四川、湖南、广东等省级行政区排名都靠前，是该领域案件多发频发地区。在违法数上，辽宁以191、四川以157位居第1、第2位，分别比第3位的湖南多出103个、69个违法案件数。这说明在人力资源和社会保障行政管理领域，辽宁、四川、湖南、广东等地区纠纷较多，这与这些地区通常是人力资源输出地或人力资源输入地相关，如广东等人力资源输入地需要完善对外来人口工作的相关配套保障措施，提高人力资源和社会保障行政管理部门的服务能力，而辽宁、四川以及湖南等地区则需要加强对外出人口以及留守儿童、留守老人的社会保障等问题的解决。

表2-2-4　　人力资源和社会保障领域的省级行政区排名

排名	省级行政区	违法数	占比（排名）	全国占比（排名）	考虑撤诉数	
					◇	□
1	辽　宁	191	33.45%(3)	16.70%(1)	32.44%(2)	14.73%(1)
2	四　川	157	43.73%(2)	13.72%(2)	23.14%(3)	9.13%(3)
3	湖　南	88	18.76%(4)	7.69%(3)	11.21%(11)	6.29%(5)
4	广　东	87	15.08%(10)	7.60%(4)	21.89%(4)	12.53%(2)
5	山　东	69	9.45%(15)	6.03%(5)	9.54%(13)	6.15%(6)
6	河　南	68	5.13%(25)	5.94%(6)	3.52%(29)	4.57%(7)
7	湖　北	54	16.07%(8)	4.72%(7)	11.23%(10)	4.38%(8)
8	贵　州	50	5.67%(24)	4.37%(8)	4.32%(26)	2.56%(14)
9	吉　林	37	16.74%(7)	3.23%(9)	11.08%(12)	1.86%(17)
10	甘　肃	36	18.18%(5)	3.15%(10)	12.57%(7)	2.98%(12)

续表

排名	省级行政区	违法数	占比（排名）	全国占比（排名）	考虑撤诉数	
					◇	□
11	重 庆	34	16.83%(6)	2.97%(11)	14.58%(5)	3.91%(9)
12	山 西	34	10.15%(14)	2.97%(12)	6.21%(22)	2.05%(15)
13	江 西	33	11.83%(12)	2.88%(13)	11.85%(8)	2.98%(13)
14	福 建	26	6.88%(21)	2.27%(14)	9.15%(15)	3.03%(11)
15	浙 江	25	5.07%(26)	2.19%(15)	6.59%(21)	3.40%(10)
16	河 北	24	8.33%(16)	2.10%(16)	9.30%(14)	2.05%(16)
17	江 苏	23	7.96%(17)	2.01%(17)	11.42%(9)	6.71%(4)
18	安 徽	20	5.80%(23)	1.75%(18)	4.88%(24)	1.86%(18)
19	新 疆	15	12.61%(11)	1.31%(19)	13.01%(6)	1.63%(19)
20	内蒙古	13	10.48%(13)	1.14%(20)	7.11%(18)	0.75%(23)
21	北 京	11	7.28%(19)	0.96%(21)	3.68%(28)	0.70%(24)
22	云 南	9	6.92%(20)	0.79%(22)	6.64%(20)	0.70%(25)
23	黑龙江	8	4.15%(27)	0.70%(23)	5.81%(23)	0.84%(21)
24	陕 西	8	2.88%(28)	0.70%(24)	4.17%(27)	1.35%(20)
25	广 西	7	2.46%(29)	0.61%(25)	2.91%(30)	0.79%(22)
26	宁 夏	6	7.41%(18)	0.52%(26)	4.35%(25)	0.56%(26)
27	青 海	4	16.00%(9)	0.35%(27)	8.20%(16)	0.23%(29)
28	天 津	3	6.67%(22)	0.26%(28)	6.71%(19)	0.51%(27)
29	海 南	3	2.17%(30)	0.26%(29)	1.49%(31)	0.14%(30)
30	西 藏	1	100.00%(1)	0.09%(30)	33.33%(1)	0.05%(31)
31	上 海	0	0.00%(31)	0.00%(31)	7.69%(17)	0.47%(28)

注：

排名，系人力资源和社会保障领域判决违法案件数从大到小的排名。

违法数，系该省级行政区人力资源和社会保障领域判决违法的案件数。

占比(排名)，系该省级行政区人力资源和社会保障领域判决违法案件，占该省级行政区判决违法案件总数的比例，以及从大到小的排名。

全国占比(排名)，系该省级行政区人力资源和社会保障领域判决违法案件数，占全国人力资源和社会保障领域判决违法案件数的比例，以及从大到小的排名。

◇代表该省级行政区人力资源和社会保障领域判决违法数加人力资源和社会保障领域撤诉数，占该省级行政区判决违法数加撤诉数的比例，以及从大到小的排名。

□代表该省级行政区人力资源和社会保障领域判决违法数加人力资源和社会保障领域撤诉数，占全国人力资源和社会保障领域判决违法案件数加全国人力资源和社会保障领域撤诉数的比例，以及从大到小的排名。

在该省级行政区人力资源和社会保障领域判决违法数加人力资源和社会保障领域撤诉数，占该省级行政区判决违法数加撤诉数之比的排名中，西藏虽然位列第一，但是其行政违法案件数只有 1 件，不具有参考意义，而辽宁、四川和广东 3 个省份仍位列前 4 名，其在行政违法案件数较多的情况下，撤诉数也有相应的增加，总趋势为正常。在该省级行政区人力资源和社会保障领域判决违法数加人力资源和社会保障领域撤诉数，占全国人力资源和社会保障领域判决违法案件数加全国人力资源和社会保障领域撤诉数之比的排名中，江苏颇值得注意，其在该领域行政违法案件数并不算多，但是其撤诉率较高，考虑撤诉数之后的违法案件数占到排名第 4 位。

从表 2-2-5 可以看出，在公安领域判决行政违法案件数方面，排在前 9 位的依次是山东、河南、浙江、湖南、山西、福建、广东、贵州、辽宁。其中山东和河南同以 112 件行政违法数并列违法案件数第 1，其余 7 个地区违法案件数均在 40—60 之间，可见山东与河南两地区在该领域违法案件数占全国比例之高。值得注意的是，山东不仅在违法案件数上占据榜首，在占比上亦以 15.34％ 位列第 1，说明山东公安行政违法行为频发，在所有行政行为中公安行政水平较低。上海公安行政违法案件数为 3，该数在上海违法案件总数中的占比为 11.11％，数值比较其他地区偏高，而 2016 年上海在该领域违法案件数为 6，占比为 7.4％。自 2016 年 3 月开始，上海展开了声势浩大的道路交通大整治运动，公安机关对交通违法行为进行了严格处理，该统计较难看出该整治运动对上海公安违法案件数产生了直接影响。

表 2-2-5　　公安领域的省级行政区排名

排名	省级行政区	违法数	占比（排名）	全国占比（排名）	考虑撤诉数	
					◇	□
1	山东	112	15.34％(1)	12.25％(1)	10.40％(8)	8.97％(2)
2	河南	112	8.45％(16)	12.25％(2)	6.51％(21)	11.28％(1)
3	浙江	53	10.75％(11)	5.80％(3)	8.12％(13)	5.61％(5)
4	湖南	46	9.81％(14)	5.03％(4)	6.56％(20)	4.92％(7)
5	山西	44	13.13％(7)	4.81％(5)	13.12％(4)	5.79％(4)
6	福建	43	11.38％(9)	4.70％(6)	9.72％(10)	4.30％(8)
7	广东	43	7.45％(20)	4.70％(7)	7.73％(15)	5.92％(3)
8	贵州	43	4.88％(28)	4.70％(8)	4.09％(27)	3.24％(14)
9	辽宁	41	7.18％(21)	4.49％(9)	6.37％(22)	3.86％(9)
10	广西	39	13.73％(3)	4.27％(10)	6.84％(17)	2.49％(19)
11	陕西	38	13.67％(4)	4.16％(11)	8.33％(11)	3.61％(11)
12	河北	35	12.15％(8)	3.83％(12)	12.90％(5)	3.80％(10)

续表

排名	省级行政区	违法数	占比(排名)	全国占比(排名)	考虑撤诉数	
					◇	□
13	安　徽	32	9.28%(15)	3.50%(13)	6.71%(19)	3.43%(12)
14	甘　肃	30	15.15%(2)	3.28%(14)	10.81%(7)	3.43%(13)
15	吉　林	30	13.57%(5)	3.28%(15)	12.74%(6)	2.87%(16)
16	四　川	27	7.52%(19)	2.95%(16)	5.19%(25)	2.74%(17)
17	湖　北	21	6.25%(23)	2.30%(17)	5.73%(24)	2.99%(15)
18	江　苏	20	6.92%(22)	2.19%(18)	6.82%(18)	5.36%(6)
19	新　疆	16	13.45%(6)	1.75%(19)	13.75%(3)	2.31%(20)
20	黑龙江	16	8.29%(17)	1.75%(20)	13.87%(2)	2.68%(18)
21	北　京	15	9.93%(13)	1.64%(21)	7.60%(16)	1.93%(21)
22	江　西	14	5.02%(26)	1.53%(22)	3.52%(29)	1.18%(25)
23	内蒙古	13	10.48%(12)	1.42%(23)	10.22%(9)	1.43%(23)
24	重　庆	11	5.45%(25)	1.20%(24)	4.51%(26)	1.62%(22)
25	云　南	8	6.15%(24)	0.88%(25)	3.54%(28)	0.50%(28)
26	宁　夏	4	4.94%(27)	0.44%(26)	6.16%(23)	1.06%(26)
27	上　海	3	11.11%(10)	0.33%(27)	15.38%(1)	1.25%(24)
28	青　海	2	8.00%(18)	0.22%(28)	8.20%(12)	0.31%(29)
29	海　南	2	1.45%(30)	0.22%(29)	2.49%(30)	0.31%(30)
30	天　津	1	2.22%(29)	0.11%(30)	7.93%(14)	0.81%(27)
31	西　藏	0	0.00%(31)	0.00%(31)	0.00%(31)	0.00%(31)

注：

排名，系公安领域判决违法案件数从大到小的排名。

违法数，系该省级行政区公安领域判决违法的案件数。

占比(排名)，系该省级行政区公安领域判决违法案件数，占该省级行政区判决违法案件总数的比例，以及从大到小的排名。

全国占比(排名)，系该省级行政区公安领域判决违法案件数，占全国公安领域判决违法案件数的比例，以及从大到小的排名。

◇代表该省级行政区公安领域判决违法数加公安领域撤诉数，占该省级行政区判决违法数加撤诉数的比例，以及从大到小的排名。

□代表该省级行政区公安领域判决违法数加公安领域撤诉数，占全国公安领域判决违法案件数加全国公安领域撤诉数的比例，以及从大到小的排名。

在该省级行政区公安领域判决违法数加公安领域撤诉数，占该省级行政区判决违法数加撤诉数之比的排名中，上海位列第1，其在该领域行政违法案件数总体较少，撤诉率却最高，反映出上海在公安行政管理领域撤诉案件数多。而河南、湖南等省份在该领域行政违法案件数较多的情况下，撤诉率却较低，反映出在这两个省份公安行政执法领域撤诉案件数较少，行政纠纷多元解决途径较少。在该省级行政区公安领域判决违法数加公安领域撤诉数，占全国公安领域判决违法案件数加全国公安领域撤诉数之比的排名中，河南、山东、广东、山西和浙江这五省位居前列，其公安行政领域判决违法案件数也整体居于前列，呈现出较一致的趋势。

第三节　行政违法数的行为类型分布

一、各行为类型的行政违法案例数排名

中国裁判文书网对行政案件按司法解释设定的行为类型确定案由。行为类型包括行政处罚、行政补偿、行政裁决、行政登记、行政复议、行政给付、行政规划、行政强制、行政合同、行政监督、行政许可、行政征收、行政征用、政府信息公开、其他行政行为等 28 类。由于一个案件可能涉及几个行为类型，统计时会有重复，图表中的合计数会多于行政违法案件数，各个行为类型占比相加所得总数也会大于 100%。

从表 2-3-1 中可以看出，违法数高于 700 个，排在前 8 位的是行政复议、行政强制、行政登记、其他行政行为、政府信息公开、行政补偿、行政处罚、行政确认。有近一半的行为类型少于 100 个。排在前列的 8 个类型中有权力性很强的行政行为，如行政强制、行政处罚，也有权力性不强的行政确认、行政登记、政府信息公开、行政补偿，还有作为纠纷处理机制的行政复议。我国社会正处在社会变革期，深层矛盾暴露，各种利益交织冲突，有的利益对抗还十分剧烈，同时国民的权利意识和法治意识明显增强。上述 8 个类型正是当下我国行政纠纷和社会矛盾的真实反映。在该类型判决违法案件数，占该类型判决案件数之比例的排名中，上述 8 类行为只有行政强制排名靠前，说明在行政强制领域行政违法率较高。

表 2-3-1　　行为类型排名

排名	行为类型	违法数	违法占比	总数占比（排名）	考虑撤诉	
					▲	●
1	行政复议	1 459	14.78%	12.74%(22)	23.07%(22)	14.18%(2)
2	行政强制	1 348	13.65%	48.68%(2)	57.96%(4)	9.27%(5)

续表

排名	行为类型	违法数	违法占比	总数占比(排名)	考虑撤诉	
					▲	●
3	行政登记	1 176	11.91%	30.68%(9)	46.09%(11)	10.76%(3)
4	其他行政行为	1 030	10.43%	27.36%(12)	58.83%(3)	18.50%(1)
5	政府信息公开	997	10.10%	18.26%(17)	28.50%(20)	8.42%(6)
6	行政补偿	875	8.86%	24.20%(14)	44.41%(13)	10.37%(4)
7	行政处罚	837	8.48%	10.97%(24)	17.01%(24)	6.59%(10)
8	行政确认	826	8.37%	13.29%(20)	22.85%(23)	7.56%(9)
9	行政征收	619	6.27%	31.73%(7)	56.74%(6)	8.27%(7)
10	行政撤销	537	5.44%	30.65%(10)	57.34%(5)	7.73%(8)
11	行政批准	313	3.17%	34.66%(6)	40.34%(15)	1.89%(15)
12	行政许可	311	3.15%	27.11%(13)	37.10%(16)	2.33%(14)
13	行政合同	295	2.99%	30.73%(8)	58.90%(2)	4.51%(11)
14	行政裁决	288	2.92%	23.94%(15)	45.41%(12)	3.60%(12)
15	行政命令	260	2.63%	22.53%(16)	44.40%(14)	3.38%(13)
16	行政给付	192	1.94%	37.65%(5)	47.61%(10)	1.37%(16)
17	行政受理	74	0.75%	14.95%(19)	24.14%(21)	0.63%(17)
18	行政征用	26	0.26%	44.07%(3)	51.47%(8)	0.17%(19)
19	行政监督	26	0.26%	13.27%(21)	32.27%(18)	0.38%(18)
20	行政奖励	18	0.18%	27.69%(11)	29.85%(19)	0.09%(20)
21	行政规划	6	0.06%	16.22%(18)	34.04%(17)	0.08%(21)
22	行政检查	3	0.03%	8.82%(25)	16.22%(25)	0.02%(24)
23	行政执行	3	0.03%	42.86%(4)	55.56%(7)	0.03%(25)
24	行政救助	1	0.01%	12.50%(23)	50.00%(9)	0.03%(23)
25	行政允诺	1	0.01%	50.00%(1)	87.50%(1)	0.03%(22)
26	行政征购	0	0.00%	0.00%(26)	0.00%(26)	0.00%(26)
27	行政划拨	0	0.00%	0.00%(27)	0.00%(27)	0.00%(27)
28	行政协助	0	0.00%	0.00%(28)	0.00%(28)	0.00%(28)

注：

排名，系该类型判决违法案件数从大到小的排名。

违法数，系该类型判决违法的案件数。

违法占比，系该类型判决违法案件数占判决违法案件总数的比例。

总数占比(排名)，系该类型判决违法案件数，占该类型判决案件数的比例，以及从大到小的排名。

▲代表该类型判决违法案件数加该类型撤诉数，占该类型判决案件数加该类型撤诉数的比例，以及从大到小的排名。

●代表该类型判决违法案件数加该类型撤诉数，占判决行政违法案件数加撤诉数的比例，以及从大到小的排名。

在该类型判决违法案件数加该类型撤诉数，占该类型判决案件数加该类型撤诉数之比的排名中，位居前列的行政行为主要有行政强制、其他行政行为、行政征收和行政撤销，说明在这几个领域行政违法案件撤诉数较多，而行政违法案件数较多的行政复议、行政登记和政府信息公开，其在该排名中却较低。在该类型判决违法案件数加该类型撤诉数，占判决行政违法案件数加撤诉数之比的排名中，上述8种行政行为类型大多也居于前列，整体趋势与违法案件数相一致，考虑撤诉数后的排名与各行政行为违法案件数排名没有表现出明显的变化。

二、各行为类型行政违法案件的省级行政区排名

对行为类型行政违法案件在各地区分布情况进行观察时，我们选取了排在前列的行政复议、行政强制、行政登记、政府信息公开以及也比较具有代表性的行政征收。它们的数据明显多于其他类型，统计意义较大。

行政复议是解决行政纠纷的重要机制。它排在行政违法的首位，说明各地要进一步提高复议决定的合法性水平，助力该机制价值的实现。从表2-3-2中可以看出，判决行政复议违法案件数排在前4位的依次是山东、河南、广东、湖南，均超过100件。其中山东以188件远远高于其他各省。从行政复议违法案件数在该省级行政区行政违法案件总数中的占比来看，北京、山东和湖南位列前三，其中北京达到了34.44%，占比最高，较2016年该领域占比增幅最为明显；而河南较2016年该领域占比变化不大，均维持在8.6%左右，说明行政复议在河南并不是多发的行政违法行为类型。判决行政复议违法案件数少于等于5个，排在后6位的是宁夏(5个)、青海(4个)、上海(3个)、新疆(3个)、海南(1个)、西藏(0个)。从行政复议违法案件数在省级行政区行政违法案件数中的占比来看，这6个省级行政区也排名较为靠后。变化相对大一些的是天津，其行政复议违法案件数占比排名从2015年的第28位到2016的第18位再到2017年的第7位，连续3年较大幅度地提升排名。

表2-3-2 行政复议的省级行政区排名

排名	省级行政区	违法数	占比(排名)	全国占比(排名)	考虑撤诉	
					☆	★
1	山　东	188	25.75%(2)	12.89%(1)	27.46%(2)	12.68%(1)
2	河　南	115	8.68%(25)	7.88%(2)	9.53%(25)	8.85%(2)

续表

排名	省级行政区	违法数	占比(排名)	全国占比(排名)	考虑撤诉	
					☆	★
3	广　东	114	19.76%(8)	7.81%(3)	15.54%(13)	6.38%(6)
4	湖　南	105	22.39%(3)	7.20%(4)	17.52%(10)	7.04%(5)
5	贵　州	95	10.77%(22)	6.51%(5)	11.16%(22)	4.74%(9)
6	浙　江	85	17.24%(12)	5.83%(6)	19.77%(6)	7.31%(4)
7	安　徽	69	20.00%(5)	4.73%(7)	17.56%(8)	4.81%(7)
8	河　北	63	21.88%(4)	4.32%(8)	17.55%(9)	2.77%(14)
9	湖　北	55	16.37%(13)	3.77%(9)	11.23%(21)	3.14%(11)
10	广　西	54	19.01%(9)	3.70%(10)	12.82%(18)	2.50%(15)
11	福　建	54	14.29%(17)	3.70%(11)	12.11%(19)	2.87%(13)
12	江　苏	53	18.34%(10)	3.63%(12)	19.03%(7)	8.01%(3)
13	北　京	52	34.44%(1)	3.56%(13)	21.81%(5)	2.97%(12)
14	江　西	43	15.41%(16)	2.95%(14)	13.15%(16)	2.37%(17)
15	辽　宁	42	7.36%(26)	2.88%(15)	6.67%(27)	2.17%(18)
16	陕　西	38	13.67%(19)	2.60%(16)	16.52%(12)	3.84%(10)
17	四　川	36	10.03%(23)	2.47%(17)	16.88%(11)	4.77%(8)
18	重　庆	35	17.33%(11)	2.40%(18)	12.85%(17)	2.47%(16)
19	甘　肃	28	14.14%(18)	1.92%(19)	10.81%(23)	1.84%(19)
20	云　南	26	20.00%(6)	1.78%(20)	14.16%(15)	1.07%(24)
21	吉　林	24	10.86%(21)	1.64%(21)	10.80%(24)	1.30%(21)
22	山　西	23	6.87%(27)	1.58%(22)	5.78%(28)	1.37%(20)
23	内蒙古	20	16.13%(14)	1.37%(23)	14.67%(14)	1.10%(23)
24	黑龙江	17	8.81%(24)	1.17%(24)	8.39%(26)	0.87%(25)
25	天　津	9	20.00%(7)	0.62%(25)	11.59%(20)	0.63%(26)
26	宁　夏	5	6.17%(28)	0.34%(26)	2.54%(29)	0.23%(28)
27	青　海	4	16.00%(15)	0.27%(27)	22.95%(4)	0.47%(27)
28	上　海	3	11.11%(20)	0.21%(28)	26.92%(3)	1.17%(22)
29	新　疆	3	2.52%(29)	0.21%(29)	1.12%(31)	0.10%(30)
30	海　南	1	0.72%(30)	0.07%(30)	1.99%(30)	0.13%(29)
31	西　藏	0	0.00%(31)	0.00%(31)	33.33%(1)	0.03%(31)

注：
排名，系判决行政复议违法案件数从大到小的排名。
违法数，系该省级行政区判决行政复议违法的案件数。
占比(排名)，系该省级行政区判决行政复议违法案件数，占该省级行政区判决违法案件总数的比例，以及从大到小的排名。
全国占比(排名)，系该省级行政区判决行政复议违法案件数，占全国判决行政复议违法案件数的比例，以及从大到小的排名。
☆代表该省级行政区判决行政复议违法案件数加行政复议撤诉案件数，占该省级行政区判决行政违法案件总数加该省级行政区撤诉案件数的比例，以及从大到小的排名。
★代表该省级行政区判决行政复议违法案件数加行政复议撤诉案件数，占全国判决行政复议违法案件数加全国行政复议撤诉案件数的比例，以及从大到小的排名。

在该省级行政区判决行政复议违法案件数加行政复议撤诉案件数，占该省级行政区判决行政违法案件总数加该省级行政区撤诉案件数之比的排名中，山东省仍位居前列，而且在判决行政复议违法案件数加行政复议撤诉案件数，占全国判决行政复议违法案件数加全国行政复议撤诉案件数之比的排名中山东省仍然位居首位。相反，在判决行政复议违法案件数加行政复议撤诉案件数，占该省级行政区判决行政违法案件总数加该省级行政区撤诉案件数之比的排名中，河南省却位列第25位，比较靠后。

从表2-3-3中可以看出，从该省级行政区判决行政强制违法案件数和该数在所在省级行政区判决行政违法案件数中的占比来看，排在前列的是河南、贵州、福建、山东，与2016年相比，安徽省下降了5名，以较低的违法数(57)位列第9。其中，河南和贵州违法数分别为186和170，全国占比两地区总和超过1/4，说明行政强制违法在河南和贵州是多发频发，而福建以32.01%的占比位列占比排名第1，说明在福建行政违法案件有近1/3是行政强制领域违法案件，较为多发。河南的行政强制违法数位居第1位，但占比却位居第12位，也就是说，从全国看，河南的行政强制违法多，但从其省内来看，也只占违法数的一小部分。2015年以来，上海持续开展了“五违四必”大整治运动，拆除了很多违法建筑，由此也产生了不少纠纷。但是2017年上海在该领域的违法数是3，较2016年违法数(27)有大幅下降，位居第30位。说明上海开展的“五违四必”大整治活动对2016年的违法数影响很大，导致该年违法数异常增高，但同时也说明上海在该领域治理成效显著，取得良好效果。

表2-3-3　　行政强制的省级行政区排名

排名	省级行政区	违法数	占比(排名)	全国占比(排名)	考虑撤诉	
					☆	★
1	河　南	186	14.04%(12)	13.8%(1)	8.41%(14)	11.94%(1)
2	贵　州	170	19.27%(5)	12.61%(2)	17.22%(2)	11.18%(2)
3	福　建	121	32.01%(1)	8.98%(3)	23.52%(1)	8.52%(3)
4	山　东	119	16.3%(9)	8.83%(4)	9.97%(11)	7.04%(4)
5	湖　北	74	22.02%(3)	5.49%(5)	11.47%(4)	4.90%(7)
6	浙　江	73	14.81%(11)	5.42%(6)	11.46%(6)	6.48%(6)
7	广　西	63	22.18%(2)	4.67%(7)	12.65%(3)	3.78%(12)
8	辽　宁	59	10.33%(21)	4.38%(8)	8.21%(15)	4.08%(10)
9	安　徽	57	16.52%(8)	4.23%(9)	11.46%(5)	4.80%(8)

续表

排名	省级行政区	违法数	占比（排名）	全国占比（排名）	考虑撤诉	
					☆	★
10	陕　西	56	20.14%(4)	4.15%(10)	9.48%(12)	3.37%(13)
11	湖　南	54	11.51%(15)	4.01%(11)	7.72%(16)	4.75%(9)
12	江　西	47	16.85%(7)	3.49%(12)	10.00%(10)	2.76%(14)
13	江　苏	44	15.22%(10)	3.26%(13)	10.55%(9)	6.79%(5)
14	广　东	43	7.45%(22)	3.19%(14)	4.31%(24)	2.71%(16)
15	山　西	38	11.34%(16)	2.82%(15)	10.58%(8)	3.83%(11)
16	甘　肃	26	13.13%(13)	1.93%(16)	10.61%(7)	2.76%(15)
17	吉　林	24	10.86%(19)	1.78%(17)	8.59%(13)	1.58%(17)
18	云　南	14	10.77%(20)	1.04%(18)	6.64%(19)	0.77%(22)
19	黑龙江	11	5.70%(24)	0.82%(19)	4.19%(25)	0.66%(23)
20	河　北	10	3.47%(26)	0.74%(20)	3.59%(27)	0.87%(21)
21	宁　夏	9	11.11%(17)	0.67%(22)	6.52%(21)	0.92%(20)
22	海　南	9	6.52%(23)	0.67%(21)	6.47%(22)	0.66%(24)
23	天　津	8	17.78%(6)	0.59%(25)	6.71%(18)	0.56%(26)
24	北　京	8	5.30%(25)	0.59%(23)	3.19%(28)	0.66%(25)
25	四　川	8	2.23%(29)	0.59%(24)	2.36%(29)	1.02%(19)
26	新　疆	4	3.36%(27)	0.3%(26)	2.23%(30)	0.31%(29)
27	重　庆	4	1.98%(30)	0.3%(27)	3.82%(26)	1.12%(18)
28	青　海	3	12.00%(14)	0.22%(29)	6.56%(20)	0.20%(30)
29	上　海	3	11.11%(18)	0.22%(30)	6.92%(17)	0.46%(28)
30	内　蒙	3	2.42%(28)	0.22%(28)	4.44%(23)	0.51%(27)
31	西　藏	0	0.00%(31)	0.00%(31)	0.00%(31)	0.00%(31)

注：

排名，系判决行政强制违法案件数从大到小的排名。

违法数，系该省级行政区判决行政强制违法的案件数。

占比(排名)，系该省级行政区判决行政强制违法案件数，占该省级行政区判决违法案件总数的比例，以及从大到小的排名。

全国占比(排名)，系该省级行政区判决行政强制违法案件数，占全国判决行政强制违法案件数的比例，以及从大到小的排名。

☆代表该省级行政区判决行政强制违法案件数加行政强制撤诉案件数，占该省级行政区判决行政违法案件总数加该省级行政区撤诉案件数的比例，以及从大到小的排名。

★代表该省级行政区判决行政强制违法案件数加行政强制撤诉案件数，占全国判决行政强制违法案件数加全国行政强制撤诉案件数的比例，以及从大到小的排名。

在该省级行政区判决行政强制违法案件数加行政强制撤诉案件数，占该省级行政区判决行政违法案件总数加该省级行政区撤诉案件数之比的排名中，福建和贵州分别位列第1、第2位，广西、湖北、安徽以略低水平位列其后，但整体排名都较为靠前。而在该省级行政区判决行政强制违法案件数加行政强制撤诉案件数，占全国判决行政强制违法案件数加全国行政强制撤诉案件数之比的排名中，其整体排名与该领域行政违法案件数排名呈现较为一致的趋势。

从表2-3-4中可以看出，河南以175的判决行政登记违法案件数位居排名第1，比第2名贵州多出48个案件，但是河南以13.21%的占比排名第11，说明河南在该领域虽然占全国违法案件数最多，其省内全部行政违法案件数的占比却并不大。从判决行政违法案件总数中的占比来看，广西排名第1，达到27.11%，而2016年广西的占比排名为第24名，仅3.6%的占比，案件数量也从2016年的9件达到了2017年的77件，涨幅非常大。说明2017年广西在行政登记领域有异常变化，由此也反映出广西亟须提高在该领域的法治水平。

表2-3-4　　行政登记的省级行政区排名

排名	省级行政区	违法数	占比（排名）	全国占比（排名）	考虑撤诉	
					☆	★
1	河南	175	13.21%(11)	14.88%(1)	9.03%(21)	11.05%(1)
2	贵州	127	14.40%(8)	10.80%(2)	12.42%(11)	6.95%(2)
3	广东	96	16.64%(4)	8.16%(3)	12.69%(10)	6.87%(3)
4	广西	77	27.11%(1)	6.55%(4)	20.51%(2)	5.28%(7)
5	湖南	60	12.79%(13)	5.10%(5)	10.96%(15)	5.81%(5)
6	山东	54	7.40%(23)	4.59%(6)	8.89%(23)	5.41%(6)
7	安徽	49	14.20%(9)	4.17%(7)	14.02%(6)	5.06%(9)
8	河北	44	15.28%(6)	3.74%(8)	13.74%(8)	2.86%(14)
9	江苏	44	15.22%(7)	3.74%(9)	9.20%(18)	5.11%(8)
10	黑龙江	39	20.21%(2)	3.32%(10)	20.97%(1)	2.86%(15)
11	陕西	39	14.03%(10)	3.32%(11)	19.97%(3)	6.12%(4)
12	浙江	38	7.71%(20)	3.23%(12)	7.13%(26)	3.48%(11)
13	福建	35	9.26%(17)	2.98%(13)	9.01%(22)	2.82%(17)
14	辽宁	34	5.95%(27)	2.89%(14)	8.32%(24)	3.57%(10)
15	四川	33	9.19%(18)	2.81%(15)	9.09%(20)	3.39%(12)
16	湖北	29	8.63%(19)	2.47%(16)	7.65%(25)	2.82%(18)
17	北京	28	18.54%(3)	2.38%(17)	13.97%(7)	2.51%(19)
18	江西	27	9.68%(16)	2.30%(18)	9.44%(17)	2.24%(20)
19	吉林	25	11.31%(14)	2.13%(19)	9.14%(19)	1.45%(24)

续表

排名	省级行政区	违法数	占比(排名)	全国占比(排名)	考虑撤诉	
					☆	★
20	山　西	23	6.87%(25)	1.96%(20)	5.36%(28)	1.67%(22)
21	甘　肃	22	11.11%(15)	1.87%(21)	12.77%(9)	2.86%(16)
22	云　南	20	15.38%(5)	1.70%(22)	18.58%(4)	1.85%(21)
23	内　蒙	16	12.9%(12)	1.36%(23)	16.00%(5)	1.58%(23)
24	重　庆	15	7.43%(22)	1.28%(24)	12.33%(12)	3.13%(13)
25	海　南	10	7.25%(24)	0.85%(25)	11.44%(14)	1.01%(25)
26	新　疆	9	7.56%(21)	0.77%(26)	7.06%(27)	0.84%(26)
27	天　津	3	6.67%(26)	0.26%(28)	10.37%(16)	0.75%(27)
28	宁　夏	3	3.70%(29)	0.26%(27)	2.54%(29)	0.31%(28)
29	青　海	1	4.00%(28)	0.09%(29)	11.48%(13)	0.31%(29)
30	上　海	1	3.70%(30)	0.09%(30)	0.77%(30)	0.04%(30)
31	西　藏	0	0.00%(31)	0.00%(31	0.00%(31)	0.00%(31)

注：

排名，系判决行政登记违法案件数从大到小的排名。

违法数，系该省级行政区判决行政登记违法的案件数。

占比(排名)，系该省级行政区判决行政登记违法案件数，占该省级行政区判决违法案件总数的比例，以及从大到小的排名。

全国占比(排名)，系该省级行政区判决行政登记违法案件数，占全国判决行政登记违法案件数的比例，以及从大到小的排名。

☆代表该省级行政区判决行政登记违法案件数加行政登记撤诉案件数，占该省级行政区判决行政违法案件总数加该省级行政区撤诉案件数的比例，以及从大到小的排名。

★代表该省级行政区判决行政登记违法案件数加行政登记撤诉案件数，占全国判决行政登记违法案件数加全国行政登记撤诉案件数的比例，以及从大到小的排名。

在该省级行政区判决行政登记违法案件数加行政登记撤诉案件数，占该省级行政区判决行政违法案件总数加该省级行政区撤诉案件数之比的排名中，位列第1的是黑龙江(20.97%)，其次是广西(20.51%)。但是黑龙江的占比为20.21%，广西的占比为27.11%，即广西比黑龙江高出了近7个百分点，这意味着在考虑撤诉数之后的占比中，广西的波动较大。在该省级行政区判决行政登记违法案件数加行政登记撤诉案件数，占全国判决行政登记违法案件数加全国行政登记撤诉案件数之比的排名，整体上与该领域行政违法案件数排名变化不大。

从表2-3-5中可以看出，在省级行政区判决政府信息公开违法案件数方面，河南219个违法案件数居首位，远远超过各省级行政区，占到全国政府信息公开违法案件的20%以上，是排在第2位的山东的2倍还要多。从判决政府信息公开违法案件数在该地区判决行政违法案件数中的占比来看天津排名第1，为35.56%。也就是说，从天津内部情况来看，政府信息公开违法还比较严重。对比2016年的占比数据，上海从46.9%下降至2017年的22.22%，有明显变化，说明上海在1年时间内对政府信息公开违法行为的治理有较大成效，但仍然需要进一步完善。

表2-3-5　　政府信息公开的省级行政区排名

排名	省级行政区	违法数	占比（排名）	全国占比（排名）	考虑撤诉	
					☆	★
1	河　南	219	16.53%(8)	21.97%(1)	10.07%(10)	15.74%(1)
2	山　东	106	14.52%(10)	10.63%(2)	11.92%(8)	9.27%(3)
3	江　苏	68	23.53%(2)	6.82%(3)	16.42%(3)	11.64%(2)
4	河　北	53	18.40%(4)	5.32%(4)	13.11%(6)	3.49%(9)
5	四　川	53	14.76%(9)	5.32%(5)	17.71%(2)	8.43%(4)
6	陕　西	48	17.27%(6)	4.81%(6)	11.35%(9)	4.44%(7)
7	浙　江	47	9.53%(13)	4.71%(7)	9.93%(11)	6.18%(5)
8	湖　南	46	9.81%(12)	4.61%(8)	7.48%(14)	5.06%(6)
9	贵　州	38	4.31%(23)	3.81%(9)	4.09%(23)	2.92%(12)
10	辽　宁	37	6.48%(18)	3.71%(10)	4.83%(22)	2.64%(13)
11	重　庆	37	18.32%(5)	3.71%(11)	12.50%(7)	4.05%(8)
12	福　建	36	9.52%(14)	3.61%(12)	7.61%(13)	3.04%(11)
13	北　京	26	17.22%(7)	2.61%(13)	14.71%(4)	3.37%(10)
14	江　西	26	9.32%(15)	2.61%(14)	6.67%(15)	2.02%(17)
15	山　西	23	6.87%(17)	2.31%(15)	5.08%(20)	2.02%(18)
16	黑龙江	19	9.84%(11)	1.91%(16)	9.35%(12)	1.63%(19)
17	安　徽	17	4.93%(20)	1.71%(17)	5.37%(17)	2.47%(14)
18	天　津	16	35.56%(1)	1.60%(18)	25.00%(1)	2.30%(16)
19	广　东	15	2.60%(27)	1.50%(19)	1.55%(28)	1.07%(20)
20	湖　北	15	4.46%(22)	1.50%(20)	5.26%(19)	2.47%(15)
21	云　南	10	7.69%(16)	1.00%(21)	5.75%(16)	0.73%(24)
22	甘　肃	9	4.55%(21)	0.90%(22)	3.54%(24)	1.01%(22)
23	吉　林	8	3.62%(26)	0.80%(23)	5.26%(18)	1.07%(21)
24	新　疆	7	5.88%(19)	0.70%(24)	4.83%(21)	0.73%(25)
25	上　海	6	22.22%(3)	0.60%(25)	13.85%(5)	1.01%(23)
26	内蒙古	5	4.03%(24)	0.50%(26)	2.22%(27)	0.28%(28)
27	广　西	4	1.41%(29)	0.40%(27)	1.20%(29)	0.39%(26)

续表

排名	省级行政区	违法数	占比（排名）	全国占比（排名）	考虑撤诉	
					☆	★
28	宁　夏	2	2.47%(28)	0.20%(28)	2.54%(26)	0.39%(27)
29	青　海	1	4.00%(25)	0.10%(29)	3.28%(25)	0.11%(29)
30	海　南	0	0.00%(30)	0.00%(30)	0.00%(30)	0.00%(30)
31	西　藏	0	0.00%(31)	0.00%(31)	0.00%(31)	0.00%(31)

注：

排名，系判决政府信息公开违法案件数从大到小的排名。

违法数，系该省级行政区判决政府信息公开违法的案件数。

占比(排名)，系该省级行政区判决政府信息公开违法案件数，占该省级行政区判决违法案件总数的比例，以及从大到小的排名。

全国占比(排名)，系该省级行政区判决政府信息公开违法案件数，占全国判决政府信息公开违法案件数的比例，以及从大到小的排名。

☆代表该省级行政区判决政府信息公开违法案件数加政府信息公开撤诉案件数，占该省级行政区判决行政违法案件总数加该省级行政区撤诉案件数的比例，以及从大到小的排名。

★代表该省级行政区判决行政处罚违法案件数加政府信息公开撤诉案件数，占全国判决政府信息公开违法案件数加全国政府信息公开撤诉案件数的比例，以及从大到小的排名。

在该省级行政区判决政府信息公开违法案件数加政府信息公开撤诉案件数，占该省级行政区判决行政违法案件总数加该省级行政区撤诉案件数之比的排名，整体上与行政登记违法案件数排名有较大差别，违法案件数排名位列第 1 的河南，在加上撤诉数之后的占比排名中仅位列第 10，变化幅度明显。在该省级行政区判决行政处罚违法案件数加政府信息公开撤诉案件数，占全国判决政府信息公开违法案件数加全国政府信息公开撤诉案件数之比的排名中，河南、山东、江苏以及四川仍然位列前 5 位，未进入前五的浙江也排名第 7，整体较为靠前，与行政登记违法案件数的排名无较大出入。

从表 2-3-6 中可以看出，贵州和海南的行政征收案件数排名最靠前，而贵州以 120 件远远超过河南等其他省份，说明在贵州、海南行政征收违法行为多发频发。值得一提的是，河南 2016 年即以 68 件行政征收违法案件数排名第 3，2017 年同样以 68 件排名第 3，在行政征收违法案件数上，河南较为稳定。但是河南 2017 年行政征收违法案件数占该省判决违法案件数的比例比 2016 年上涨了 0.23% 个百分点，虽然数值变化较小，但可以反映出 2017 年河南在该领域没有得到明显的改善，甚至有恶化倾向。海南在占比方面以 57.97% 的高占比排名第 1，说明在海南行政征收违法行为非常严重，亟须整治。

表 2-3-6　　行政征收的省级行政区排名

排名	省级行政区	违法数	占比（排名）	全国占比（排名）	考虑撤诉	
					☆	★
1	贵　州	120	13.61%(5)	19.39%(1)	13.92%(7)	10.13%(3)
2	海　南	80	57.97%(1)	12.92%(2)	46.27%(1)	5.32%(7)
3	河　南	68	5.13%(11)	10.99%(3)	8.59%(12)	13.68%(1)
4	山　西	52	15.52%(4)	8.40%(4)	27.36%(3)	11.10%(2)
5	浙　江	49	9.94%(6)	7.92%(5)	9.84%(10)	6.24%(6)
6	山　东	26	3.56%(18)	4.20%(6)	3.47%(23)	2.75%(11)
7	新　疆	25	21.01%(2)	4.04%(7)	17.10%(5)	2.63%(12)
8	安　徽	21	6.09%(9)	3.39%(8)	7.68%(13)	3.61%(9)
9	甘　肃	19	9.60%(7)	3.07%(9)	8.64%(11)	2.52%(14)
10	吉　林	19	8.60%(8)	3.07%(10)	10.53%(8)	2.18%(17)
11	江　西	17	6.09%(10)	2.75%(11)	22.41%(4)	6.93%(5)
12	湖　北	16	4.76%(12)	2.58%(12)	5.14%(21)	2.46%(16)
13	宁　夏	13	16.05%(3)	2.10%(13)	15.94%(6)	2.52%(15)
14	陕　西	13	4.68%(13)	2.10%(14)	7.18%(14)	2.86%(10)
15	广　西	12	4.23%(14)	1.94%(15)	5.98%(18)	2.00%(18)
16	福　建	11	2.91%(21)	1.78%(16)	4.08%(22)	1.66%(20)
17	河　北	9	3.13%(19)	1.45%(17)	6.34%(17)	1.72%(19)
18	江　苏	9	3.11%(20)	1.45%(18)	6.74%(15)	4.87%(8)
19	湖　南	8	1.71%(23)	1.29%(19)	10.30%(9)	7.10%(4)
20	黑龙江	7	3.63%(17)	1.13%(21)	3.23%(24)	0.57%(26)
21	广　东	7	1.21%(26)	1.13%(20)	1.30%(29)	0.92%(21)
22	四　川	4	1.11%(27)	0.65%(22)	5.31%(19)	2.58%(13)
23	内蒙古	3	2.42%(22)	0.48%(24)	3.11%(25)	0.40%(27)
24	重　庆	3	1.49%(25)	0.48%(25)	2.43%(27)	0.80%(22)
25	辽　宁	3	0.53%(29)	0.48%(23)	1.44%(28)	0.80%(23)
26	云　南	2	1.54%(24)	0.32%(26)	5.31%(20)	0.69%(24)
27	青　海	1	4.00%(15)	0.16%(28)	6.56%(16)	0.23%(28)
28	上　海	1	3.70%(16)	0.16%(29)	0.77%(30)	0.06%(29)
29	北　京	1	0.66%(28)	0.16%(27)	2.70%(26)	0.63%(25)
30	天　津	0	0.00%(30)	0.00%(30)	0.00%(31)	0.00%(31)
31	西　藏	0	0.00%(31)	0.00%(21)	33.33%(2)	0.06%(30)

注：

排名，系判决行政征收违法案件数从大到小的排名。

违法数，系该省级行政区判决行政征收违法的案件数。

占比(排名)，系该省级行政区判决行政征收违法案件数，占该省级行政区判决违法案件总数的比例，以及从大到小的排名。

全国占比(排名)，系该省级行政区判决行政征收违法案件数，占全国判决行政征收违法案件数的比例，以及从大到小的排名。

☆代表该省级行政区判决行政征收违法案件数加行政征收撤诉案件数，占该省级行政区判决行政违法案件总数加该省级行政区撤诉案件数的比例，以及从大到小的排名。

★代表该省级行政区判决行政征收违法案件数加行政征收撤诉案件数，占全国判决行政征收违法案件数加全国行政征收撤诉案件数的比例，以及从大到小的排名。

考虑撤诉数后,有较大变动的是河南、江西、湖南等省。在该省级行政区判决行政征收违法案件数加行政征收撤诉案件数,占该省级行政区判决行政违法案件总数加该省级行政区撤诉案件数之比的排名中,江西省从违法案件数排名的第 11 位上升至第 4 位,而河南从违法案件数排名的第 3 位,下降至第 12 位。在该省级行政区判决行政征收违法案件数加行政征收撤诉案件数,占全国判决行政征收违法案件数加全国行政征收撤诉案件数之比的排名中,湖南位列第 4,但其行政违法案件数排名却下降到第 19,说明湖南在考虑撤诉数之后的全国占比波动较大。

第四节 行政违法案件的违法情形分布

我们根据《行政诉讼法》第 70、72、73 条,行政行为的违法情形可分成主要证据不足、违反法定程序、适用法律法规错误、超越职权、滥用职权、明显不当和不作为等 7 类。这些情形反映出行政机关作行政行为时的错误形态,准确把握它们的相关情况,有利于评价和改善行政机关工作。需要注意的是,一个案件有时有几种违法情形,本报告统计它们时,一般是直接相加,这样,违法情形总数就会多于违法案件总数。但为了多角度反映情况,本报告在一些地方也会采取一些特别的计算方法和统计方式,这时会做特别说明。

由表 2-4-1 可以看出,主要证据不足所占比例最高,达 30.70%。违反法定程序(24.40%)和适用法律法规错误(20.10%)都超过了 20%,不作为(18.30%)也接近 20%,而超越职权、明显不当和滥用职权则均低于 5%。这样就形成两大明显的板块,前四者为一大板块;后三者为另一大板块。后三者数量这么少,比例明显低可以说明,行政机关执法时对自己的职权边界的把握较为准确,执法时体现公益,秉持公正。主要证据不足的数量大、比例高,说明行政机关在事实认定方面存在很大问题,要么是证据收据能力不足,要么是对证据的判断不够充分,要么是官本位思想造成的忽视证据,等等。不作为违法处于中位,表明“懒政”的情况不容乐观,同时也表明情况不是很坏。中央一直强调要不断克服不作为、懒政现象,看来这方面工作还处于攻坚阶段。

表 2-4-1　　各违法情形数及其在总违法情形中的占比

排名	违法情形	该违法情形数	该违法情形数在总违法情形数中的占比
1	主要证据不足	3 986	30.70%
2	违反法定程序	3 162	24.40%
3	适用法律法规错误	2 612	20.10%
4	不作为	2 370	18.30%
5	超越职权	421	3.20%
6	明显不当	351	2.70%
7	滥用职权	71	0.50%

从表 2-4-2 可以看出，主要证据不足的违法情形前 3 位的省份的是河南、贵州、山东。其中，河南主要证据不足的违法情形案件数超过 600 件，占全国的 15%以上，是第 2 名贵州的将近 2 倍。相反，天津、上海、宁夏、青海、西藏的违法情形数均未超过 20 件，即行政行为主要证据不足的情形并不多见。以 100 件违法情形案件数为界，超过 100 件和少于 100 件的省级行政区个数约为 1∶1。从占比来看，全国占比和本地占比同时进入前 5 位的是河南和浙江，说明主要证据不足在这两省很严重。从本地占比来看，各省级行政区的比例都没有超过 50%，说明主要证据不足没有出现占据绝对优势地位的情况，其中，上海处于第 1 位，占比 48.57%，说明正确把握事实、提高证据收集和运用能力是上海提高法治政府建设水平的方向之一。

表 2-4-2　　主要证据不足的省级行政区排名

排名	省级行政区	主要证据不足	全国占比	本地占比(排名)
1	河　南	633	15.88%	41.10%(3)
2	贵　州	363	9.11%	31.24%(13)
3	山　东	287	7.20%	29.47%(17)
4	广　东	284	7.12%	35.11%(7)
5	浙　江	234	5.87%	37.26%(5)
6	湖　南	191	4.79%	29.75%(16)
7	安　徽	171	4.29%	37.25%(6)
8	辽　宁	161	4.04%	23.30%(25)
9	福　建	145	3.64%	28.43%(20)
10	湖　北	139	3.49%	32.78%(12)

续表

排名	省级行政区	主要证据不足	全国占比	本地占比(排名)
11	广　西	123	3.09%	28.81%(19)
12	江　苏	122	3.06%	33.52%(8)
13	河　北	115	2.89%	31.00%(14)
14	四　川	110	2.76%	22.45%(27)
15	重　庆	106	2.66%	33.44%(9)
16	北　京	103	2.58%	47.69%(2)
17	陕　西	94	2.36%	22.98%(26)
18	吉　林	93	2.33%	30.49%(15)
19	甘　肃	80	2.01%	28.27%(21)
20	山　西	75	1.88%	18.47%(29)
21	江　西	74	1.86%	20.33%(28)
22	黑龙江	61	1.53%	28.91%(18)
23	云　南	52	1.30%	26.00%(22)
24	内蒙古	40	1.00%	24.10%(24)
25	新　疆	38	0.95%	25.17%(23)
26	海　南	27	0.68%	11.54%(31)
27	天　津	19	0.48%	38.00%(4)
28	上　海	17	0.43%	48.57%(1)
29	宁　夏	16	0.40%	16.67%(30)
30	青　海	12	0.30%	33.33%(10)
31	西　藏	1	0.03%	33.33%(11)

注：

排名，系主要证据不足的违法情形案件数从大到小的排名。

全国占比，系该省级行政区主要证据不足的违法情形案件数，占全国证据不足的违法情形案件数的比例。

本地占比(排名)，系该省级行政区主要证据不足的违法情形案件数，占该省级行政区违法案件数的比例，及其该比例从大到小的排名。

从表2-4-3可以看出，适用法律法规错误的违法情形超过200件的省级行政区共有5个，分别为河南、山东、四川、贵州、广东省。该五省之间的差距不大，两两差距不超过20件。不超过10件的省级行政区为天津市、上海市、青海省、西藏自治区，其中包含两个直辖市。另两个直辖市分别居于19名、23名，居于中下段。从占比来看，全国占比和本地占比同时进入前5位的是四川，而且，四川本地占比位居首位，说明适用法律法规错误在这四川很严重。从本地占比来看，各省级行政区的比例都没有超过50%，说明适用法律法规错误没有出现占据绝对优势地位的情况，但四川、海南、广西、河北等的比例较高，且绝对数也不少，说明这些省级行政区要加大法治宣传和培训力度，强化行政执法人员的知法用法能力，由此提高法治政府建设水平。

表 2-4-3 适用法律法规错误的省级行政区排名

排名	省级行政区	适用法律法规错误	全国占比	本地占比(排名)
1	河　南	246	9.42%	15.97%(19)
2	山　东	231	8.84%	23.72%(9)
3	四　川	217	8.31%	44.29%(1)
4	贵　州	212	8.12%	18.24%(14)
5	广　东	201	7.70%	24.85%(7)
6	湖　南	148	5.67%	23.05%(10)
7	辽　宁	123	4.71%	17.80%(16)
8	广　西	113	4.33%	26.46%(4)
9	福　建	111	4.25%	21.76%(11)
10	河　北	93	3.56%	25.07%(5)
11	浙　江	93	3.56%	14.81%(23)
12	海　南	88	3.37%	37.61%(2)
13	陕　西	78	2.99%	19.07%(13)
14	吉　林	76	2.91%	24.92%(6)
15	安　徽	73	2.79%	15.90%(20)
16	江　苏	66	2.53%	18.13%(15)
17	湖　北	65	2.49%	15.33%(22)
18	山　西	56	2.14%	13.79%(25)
19	重　庆	56	2.14%	17.67%(17)
20	江　西	51	1.95%	14.01%(24)
21	云　南	49	1.88%	24.50%(8)
22	甘　肃	48	1.84%	16.96%(18)
23	北　京	23	0.88%	10.65%(29)
24	黑龙江	22	0.84%	10.43%(30)
25	内蒙古	22	0.84%	13.25%(26)
26	新　疆	18	0.69%	11.92%(27)
27	宁　夏	15	0.57%	15.63%(21)
28	天　津	10	0.38%	20.00%(12)
29	上　海	4	0.15%	11.43%(28)
30	青　海	3	0.11%	8.33%(31)
31	西　藏	1	0.04%	33.33%(3)

注：

排名，系适用法律法规错误的违法情形案件数从大到小的排名。

全国占比(排名)，系该省适用法律法规错误的违法情形案件数，占全国适用法律法规错误的违法情形案件数的比例。

本地占比(排名)，系该省级行政区适用法律法规错误的违法情形案件数，占该省级行政区违法案件数的比例，及其该比例从大到小的排名。

从表 2-4-4 可以得知,违反法定程序居于前 3 位的省份分别是贵州、河南、山东,均超过 200 件,这与该三省所有违法案件数的总数较大也有关系。不超过 10 件的省级行政区有 4 个,分别为青海、上海、天津和西藏自治区,这与适用法律法规错误的违法情形不超过 10 件的省份一致,仅仅是顺位不同。另外,与主要证据不足的违法情形相类似,以 100 件违法情形案件数为界,超过 100 件和少于 100 件的省级行政区个数约为 1∶1。从占比来看,没有全国占比和本地占比同时进入前 5 位的省级行政区,说明违反法定程序在各地尚未达到很严重程度。但相比较而言,陕西的情况较严重些,需要加大治理违反法定程序的力度。从本地占比来看,各省级行政区的比例都没有超过 50%;海南占比 44.02%,陕西占比 36.92%,甘肃占比 36.75%,新疆占比 36.42%,江西占比 36.26%,依次位居第 1 至第 5 位,说明正当法律程序观念在这些地方还不强。这五个省级行政区都处于中西部地区,所以,强化程序观念,提高依程序办事水平是提高中西部地区法治政府建设水平的一个方向。

表 2-4-4 违反法定程序的省级行政区排名

排名	省级行政区	违反法定程序	全国占比	本地占比(排名)
1	贵　州	413	13.06%	35.54%(6)
2	河　南	314	9.93%	20.39%(18)
3	山　东	242	7.65%	24.85%(13)
4	湖　南	168	5.31%	26.17%(12)
5	广　东	156	4.93%	19.28%(20)
6	陕　西	151	4.78%	36.92%(2)
7	浙　江	151	4.78%	24.04%(14)
8	福　建	141	4.46%	27.65%(11)
9	山　西	140	4.43%	34.48%(7)
10	江　西	132	4.17%	36.26%(5)
11	湖　北	130	4.11%	30.66%(9)
12	辽　宁	108	3.42%	15.63%(26)
13	安　徽	106	3.35%	23.09%(16)
14	甘　肃	104	3.29%	36.75%(3)
15	海　南	103	3.26%	44.02%(1)
16	广　西	99	3.13%	23.19%(15)
17	江　苏	76	2.40%	20.88%(17)
18	河　北	55	1.74%	14.82%(27)

续表

排名	省级行政区	违反法定程序	全国占比	本地占比(排名)
19	新　疆	55	1.74%	36.42%(4)
20	四　川	52	1.64%	10.61%(30)
21	重　庆	50	1.58%	15.77%(25)
22	吉　林	45	1.42%	14.75%(28)
23	黑龙江	43	1.36%	20.38%(19)
24	云　南	33	1.04%	16.50%(24)
25	北　京	29	0.92%	13.43%(29)
26	内蒙古	28	0.89%	16.87%(23)
27	宁　夏	17	0.54%	17.71%(21)
28	青　海	10	0.32%	27.78%(10)
29	上　海	6	0.19%	17.14%(22)
30	天　津	4	0.13%	8.00%(31)
31	西　藏	1	0.03%	33.33%(8)

注：

排名，系违反法定程序的违法情形案件数从大到小的排名。

全国占比(排名)，系该省违反法定程序的违法情形案件数，占全国违反法定程序的违法情形案件数的比例。

本地占比(排名)，系该省级行政区违反法定程序的违法情形案件数，占该省级行政区违法案件数的比例，及其该比例从大到小的排名。

从表2-4-5可以得知，总的来说，全国超越职权的违法情形案件数较少，均未超过70件。仅有河南和福建超过50件。超过40%的省份的超越职权的违法情形案件数不足10件，其中，宁夏、上海、天津、西藏等四省市为0。这说明各地行政机关很注重把握行政执法的权力边界。从占比来看，全国占比和本地占比都进入前5位的是福建和广西，说明这两省的超越职权情况相对而言严重些，有改善的必要和空间。

表2-4-5　　超越职权的省级行政区排名

排名	省级行政区	超越职权	全国占比	本地占比(排名)
1	河　南	62	14.73%	4.03%(10)
2	福　建	52	12.35%	10.20%(1)
3	贵　州	34	8.08%	2.93%(16)
4	浙　江	32	7.60%	5.10%(6)
5	广　西	24	5.70%	5.62%(4)

续表

排名	省级行政区	超越职权	全国占比	本地占比(排名)
6	广　东	18	4.28%	2.22%(19)
7	江　苏	18	4.28%	4.95%(7)
8	云　南	17	4.04%	8.50%(2)
9	安　徽	16	3.80%	3.49%(12)
10	北　京	15	3.56%	6.94%(3)
11	湖　南	15	3.56%	2.34%(18)
12	山　西	15	3.56%	3.69%(11)
13	湖　北	13	3.09%	3.07%(14)
14	吉　林	13	3.09%	4.26%(9)
15	江　西	11	2.61%	3.02%(15)
16	重　庆	11	2.61%	3.47%(13)
17	辽　宁	10	2.38%	1.45%(23)
18	四　川	10	2.38%	2.04%(20)
19	内　蒙	8	1.90%	4.82%(8)
20	甘　肃	7	1.66%	2.47%(17)
21	河　北	4	0.95%	1.08%(24)
22	黑龙江	4	0.95%	1.90%(22)
23	陕　西	4	0.95%	0.98%(25)
24	新　疆	3	0.71%	1.99%(21)
25	青　海	2	0.48%	5.56%(5)
26	山　东	2	0.48%	0.21%(27)
27	海　南	1	0.24%	0.43%(26)
28	宁　夏	0	0.00%	0.00%(28)
29	上　海	0	0.00%	0.00%(29)
30	天　津	0	0.00%	0.00%(30)
31	西　藏	0	0.00%	0.00%(31)

注：
排名，系超越职权的违法情形案件数从大到小的排名。
全国占比，系该省超越职权的违法情形案件数，占全国超越职权的违法情形案件数的比例。
本地占比(排名)，系该省级行政区超越职权的违法情形案件数，占该省级行政区违法案件数的比例，及其该比例从大到小的排名。

从表2-4-6可以看出，滥用职权是所有违法情形案件数中最少的一种违法情形。除贵州外，剩余30个省级行政区的违法情形数均不超过10个，其中，有11个省份并无滥用职权的违法情形案件数。从占比来看，全国占比和本地占比都进入前5位的是贵州、福建和安徽，说明这三省的滥用职权情况相对而言严重些，有改善的必要和空间。上海的本地占比虽然排在第1，但由于只有1个滥用职权的案件，所以不宜评价。

表2-4-6　　　　滥用职权的省级行政区排名

排名	省级行政区	滥用职权	全国占比	本地占比(排名)
1	贵　州	20	28.17%	1.72%(2)
2	福　建	8	11.27%	1.57%(3)
3	河　南	7	9.86%	0.45%(14)
4	广　东	6	8.45%	0.74%(8)
5	安　徽	5	7.04%	1.09%(5)
6	四　川	5	7.04%	1.02%(7)
7	黑龙江	3	4.23%	1.42%(4)
8	湖　北	3	4.23%	0.71%(9)
9	湖　南	3	4.23%	0.47%(12)
10	北　京	1	1.41%	0.46%(13)
11	广　西	1	1.41%	0.23%(19)
12	河　北	1	1.41%	0.27%(17)
13	江　苏	1	1.41%	0.27%(16)
14	辽　宁	1	1.41%	0.14%(20)
15	内蒙古	1	1.41%	0.60%(10)
16	宁　夏	1	1.41%	1.04%(6)
17	陕　西	1	1.41%	0.24%(18)
18	上　海	1	1.41%	2.86%(1)
19	云　南	1	1.41%	0.50%(11)
20	重　庆	1	1.41%	0.32%(15)
21	甘　肃	0	0.00%	0.00%(21)
22	海　南	0	0.00%	0.00%(22)
23	吉　林	0	0.00%	0.00%(23)
24	江　西	0	0.00%	0.00%(24)
25	青　海	0	0.00%	0.00%(25)
26	山　东	0	0.00%	0.00%(26)
27	山　西	0	0.00%	0.00%(27)
28	天　津	0	0.00%	0.00%(28)
29	西　藏	0	0.00%	0.00%(29)
30	新　疆	0	0.00%	0.00%(30)
31	浙　江	0	0.00%	0.00%(31)

注：

排名，系滥用职权的违法情形案件数从大到小的排名。

全国占比，系该省滥用职权的违法情形案件数，占全国滥用职权的违法情形案件数的比例。

本地占比(排名)，系该省级行政区滥用职权的违法情形案件数，占该省级行政区违法案件数的比例，及其该比例从大到小的排名。

从表2-4-7可以看出,明显不当的违法情形案件数居于前3的省级行政区为河南、广东和山东,这与该三省所有违法情形的总案件数较大有关。其中,河南省占全国明显不当案件数的近20%。有约一半的省份(17个)违法案件数少于10件。从占比来看,全国占比和本地占比都进入前5位的是河南、广东、河北和江苏,说明这四省的明显不当情况比较严重,其各级行政机关在自由裁量权的规制方面还需加大工作力度。

表2-4-7　明显不当的省级行政区排名

排名	省级行政区	明显不当	全国占比	本地占比(排名)
1	河　南	66	18.80%	4.29%(5)
2	广　东	52	14.81%	6.43%(1)
3	山　东	22	6.27%	2.26%(17)
4	河　北	17	4.84%	4.58%(3)
5	江　苏	16	4.56%	4.40%(4)
6	山　西	16	4.56%	3.94%(7)
7	湖　南	15	4.27%	2.34%(16)
8	四　川	13	3.70%	2.65%(14)
9	广　西	12	3.42%	2.81%(12)
10	陕　西	12	3.42%	2.93%(10)
11	贵　州	11	3.13%	0.95%(26)
12	湖　北	11	3.13%	2.59%(15)
13	甘　肃	10	2.85%	3.53%(8)
14	吉　林	10	2.85%	3.28%(9)
15	安　徽	9	2.56%	1.96%(19)
16	辽　宁	9	2.56%	1.30%(24)
17	福　建	8	2.28%	1.57%(22)
18	浙　江	8	2.28%	1.27%(25)
19	新　疆	6	1.71%	3.97%(6)
20	重　庆	6	1.71%	1.89%(21)
21	宁　夏	5	1.42%	5.21%(2)
22	黑龙江	4	1.14%	1.90%(20)
23	江　西	3	0.85%	0.82%(28)
24	云　南	3	0.85%	1.50%(23)
25	北　京	2	0.57%	0.93%(27)
26	海　南	1	0.28%	0.43%(30)
27	内蒙古	1	0.28%	0.60%(29)

续表

排名	省级行政区	明显不当	全国占比	本地占比(排名)
28	青 海	1	0.28%	2.78%(13)
29	上 海	1	0.28%	2.86%(11)
30	天 津	1	0.28%	2.00%(18)
31	西 藏	0	0.00%	0.00%(31)

注：

排名，系明显不当的违法情形案件数从大到小的排名。

全国占比，系该省级行政区明显不当的违法情形案件数，占全国明显不当的违法情形案件数的比例。

本地占比(排名)，系该省级行政区明显不当的违法情形案件数，占该省级行政区违法案件数的比例，及其该比例从大到小的排名。

从表2-4-8可以看出，不作为的违法情形案件数大于200件的省级行政区有2个，分别为辽宁和河南。不作为的违法情形案件数居于倒数3位的分别为青海、上海和西藏。不作为的违法情形案件数超过100件的有7个省级行政区，多为人口大省。不论是从绝对数，还是从占比来看，辽宁位居前列，说明其不作为违法很严重。从本地占比来看，宁夏位居第1，内蒙古位居第3，黑龙江位居第4，而它们的不作为违法绝对数也不算低，所以，加上辽宁，这四个省级行政区的不作为情况比较严重，也可看出中西部地区懒政问题比较突出。

表2-4-8　　不作为的省级行政区排名

排名	省级行政区	不作为	全国占比	本地占比(排名)
1	辽 宁	279	11.77%	40.38%(2)
2	河 南	212	8.95%	13.77%(24)
3	山 东	190	8.02%	19.51%(15)
4	浙 江	110	4.64%	17.52%(17)
5	贵 州	109	4.60%	9.38%(28)
6	山 西	104	4.39%	25.62%(7)
7	湖 南	102	4.30%	15.89%(22)
8	江 西	93	3.92%	25.55%(8)
9	广 东	92	3.88%	11.37%(27)
10	重 庆	87	3.67%	27.44%(6)
11	河 北	86	3.63%	23.18%(9)
12	四 川	83	3.50%	16.94%(20)

续表

排名	省级行政区	不作为	全国占比	本地占比(排名)
13	安　徽	79	3.33%	17.21%(18)
14	黑龙江	74	3.12%	35.07%(4)
15	陕　西	69	2.91%	16.87%(21)
16	吉　林	68	2.87%	22.30%(11)
17	内蒙古	66	2.78%	39.76%(3)
18	江　苏	65	2.74%	17.86%(16)
19	湖　北	63	2.66%	14.86%(23)
20	广　西	55	2.32%	12.88%(25)
21	福　建	45	1.90%	8.82%(29)
22	云　南	45	1.90%	22.50%(10)
23	北　京	43	1.81%	19.91%(14)
24	宁　夏	42	1.77%	43.75%(1)
25	甘　肃	34	1.43%	12.01%(26)
26	新　疆	31	1.31%	20.53%(13)
27	天　津	16	0.68%	32.00%(5)
28	海　南	14	0.59%	5.98%(30)
29	青　海	8	0.34%	22.22%(12)
30	上　海	6	0.25%	17.14%(19)
31	西　藏	0	0.00%	0.00%(31)

注：

排名，系不作为的违法情形案件数从大到小的排名。

全国占比(排名)，系该省不作为的违法情形案件数，占全国不作为的违法情形案件数的比例。

本地占比(排名)，系该省级行政区不作为的违法情形案件数，占该省级行政区违法案件数的比例，及其该比例从大到小的排名。

第五节　行政违法案件的当事人分布

一、原告与律师参与情况

从表 2-5-1 中可以看出，原告为自然人的行政违法案件数超过 400 个的有河南(678 个)、山东(460 个)、贵州(401 个)，在判决行政违法案件数中的占比依次为 51.17%、63.01%、45.46%。河南的绝对数最多，这与河南的人口多不无关系。在原告为自然人的行政违法案件数与判决行政违法案件数之比上,22 个省级行政区都超过 50%(湖北、贵州、福建、河北、辽宁、广东、江苏、四川、西藏除外),也就是说,在判决行政违法案件中,70%的省级行政区都是自然人为原告的案件多于法人或其他组织为原告的案件。反观 2016 年的同个指数,26 个省级行政区超过 50%,故 2017 年以自然人为原告的行政违法案件数与判决行政违法案件数之比超过半数的省级行政区有所减少。

表 2-5-1　原告与律师参与

省级行政区	违法数	原告为自然人		原告有律师		原告有本地律师	
		数量	占比	数量	占比	数量	占比
安　徽	345	194	56.23%	261	75.65%	182	52.75%
北　京	151	79	52.32%	73	48.34%	72	47.68%
福　建	378	168	44.44%	198	52.38%	138	36.51%
甘　肃	198	126	63.64%	123	62.12%	86	43.43%
广　东	577	209	36.22%	380	65.86%	353	61.18%
广　西	284	183	64.44%	155	54.58%	121	42.61%
贵　州	882	401	45.46%	564	63.95%	266	30.16%
海　南	138	108	78.26%	125	90.58%	30	21.74%
河　北	288	124	43.06%	154	53.47%	113	39.24%
河　南	1 325	678	51.17%	768	57.96%	544	41.06%
黑龙江	193	111	57.51%	88	45.60%	66	34.20%
湖　北	336	163	48.51%	225	66.96%	171	50.89%
湖　南	469	245	52.24%	276	58.85%	211	44.99%
吉　林	221	125	56.56%	106	47.96%	78	35.29%
江　苏	289	99	34.26%	159	55.02%	102	35.29%
江　西	279	217	77.78%	180	64.52%	69	24.73%
辽　宁	571	207	36.25%	361	63.22%	317	55.52%
内蒙古	124	88	70.97%	95	76.61%	49	39.52%
宁　夏	81	56	69.14%	37	45.68%	33	40.74%
青　海	25	16	64.00%	18	72.00%	12	48.00%
山　东	730	460	63.01%	472	64.66%	285	39.04%
山　西	335	194	57.91%	257	76.72%	192	57.31%
陕　西	278	172	61.87%	147	52.88%	90	32.37%
上　海	27	15	55.56%	8	29.63%	6	22.22%
四　川	359	116	32.31%	216	60.17%	189	52.65%
天　津	45	27	60.00%	22	48.89%	14	31.11%
西　藏	1	0	0.00%	1	100.00%	1	100.00%

续表

省级行政区	违法数	原告为自然人		原告有律师		原告有本地律师	
		数量	占比	数量	占比	数量	占比
新　疆	119	69	57.98%	86	72.27%	77	64.71%
云　南	130	79	60.77%	91	70.00%	62	47.69%
浙　江	493	298	60.45%	339	68.76%	226	45.84%
重　庆	202	119	58.91%	102	50.50%	84	41.58%

从表2-5-1中可以看出,原告有律师的比例超过50%的省级行政区有25个,超过2/3。其中,除西藏外(样本太小,不具有参考价值),海南的比例最高(90.57%),山西(76.72%)、内蒙古(76.61%)、安徽(75.65%)、新疆(72.27%)、青海(72%)、云南(70%)也都达到了70%。在不超过50%的6个省级行政区中,天津、北京、上海等3个直辖市均在此列。而重庆市原告有律师的比例也仅有50.50%。在原告聘请本地律师方面,仅有西藏(100%)、新疆(64.71%)、广东(61.18%)、山西(57.31%)、辽宁(55.52%)、安徽(52.75%)、四川(52.65%)、湖北(50.89%)超过了50%。从全国看,聘请本地律师的比例普遍不高。

二、较高级别行政机关违法情况

行政诉讼的被告是行政机关。通过对被告的分析,我们可以观察违法行政的行政机关分布。根据《行政诉讼法》第15条规定,中级法院一审受理对国务院部门或者县级以上地方人民政府所作的行政行为提起诉讼的案件、海关处理的案件,以及本辖区内重大、复杂的案件。这三个方面的案件情况,很能反映法治政府建设情况,比如对县级以上地方人民政府所作的行政行为提起诉讼的案件,若政府败诉,说明作为较高级别的行政机关的行政执法还存在问题。这通过中院一审案件中判决行政违法数和中院一审案件中判决行政违法案件率来体现。中院一审案件中判决行政违法案件率=中院一审案件中判决行政违法案件数/中院一审案件数。中院一审案件中行政违法案件数多、中院一审案件中行政违法案件率高说明该省级行政区法治政府建设还需进一步加强。

从表2-5-2中可以看出,在中院一审案件中行政违法案件数排在前5位的依次是河南、贵州、山东、浙江、山西。其中，第1位的河南比第2位的贵州多出110个，贵州比第3位的山东多出159个。浙江和山西相差不多。在中院一审案件中，行政违法案件率排在前5位的分别是云南、黑龙江、贵州、广西、陕西。在这两个方面，贵州省都位列前5位，说明该省的较高级别行政机关违法情况在全国比较突出。在中院一审案件中，行政违法案件数排在后5位的是海南(27个)、青海(13个)、天津(11个)、上海(8个)和西藏(0个)。中院一审案件行政违法案件率在后5位的是北京(16.57%)、海南(13.78%)、江苏(13.26%)、上海(1.36%)和西藏(0个)。在这两个方面，除西藏外，海南、上海都处于后5位，说明这两个省级行政区的较高级别行政机关在依法行政方面表现很好。

表2-5-2　　中院一审案件中判决行政违法案件数排名

排序	省级行政区	违法数	占比(排名)	考虑撤诉数	
				■	◆
1	河南	553	42.18%(14)	38.35%(10)	14.56%(1)
2	贵州	443	65.24%(3)	43.96%(4)	7.27%(2)
3	山东	284	42.01%(15)	35.00%(15)	5.86%(3)
4	浙江	204	25.69%(24)	23.67%(27)	5.78%(5)
5	山西	184	52.12%(9)	38.93%(9)	4.37%(7)
6	江西	182	34.34%(19)	32.42%(19)	3.38%(14)
7	安徽	181	49.32%(10)	40.33%(6)	3.78%(10)
8	湖南	164	25.39%(25)	23.75%(26)	5.81%(4)
9	陕西	144	59.02%(5)	32.03%(20)	3.17%(16)
10	辽宁	137	56.61%(7)	41.67%(5)	3.68%(11)
11	福建	136	41.98%(16)	39.55%(8)	3.53%(12)
12	广东	132	34.29%(20)	31.50%(22)	3.96%(9)
13	湖北	126	41.45%(17)	34.94%(16)	4.33%(8)
14	广西	114	64.41%(4)	29.35%(24)	3.07%(17)
15	重庆	107	28.69%(22)	47.81%(2)	3.31%(15)
16	甘肃	96	47.06%(11)	37.06%(11)	2.99%(18)
17	吉林	85	44.97%(12)	28.93%(25)	1.49%(21)
18	内蒙	77	56.62%(6)	33.97%(17)	1.15%(25)
19	黑龙江	63	65.63%(2)	31.91%(21)	5.24%(6)
20	云南	62	70.45%(1)	44.60%(3)	1.18%(22)
21	北京	58	16.57%(27)	36.95%(13)	1.16%(24)

续表

排序	省级行政区	违法数	占比(排名)	考虑撤诉数	
				■	◆
22	四　川	55	32.16%(21)	35.69%(14)	3.39%(13)
23	河　北	50	42.37%(13)	13.23%(29)	1.62%(20)
24	江　苏	48	13.26%(29)	37.00%(12)	1.11%(26)
25	宁　夏	48	54.55%(8)	33.78%(18)	1.17%(23)
26	新　疆	46	40.71%(18)	39.96%(7)	1.85%(19)
27	海　南	27	13.78%(28)	17.92%(28)	0.81%(27)
28	青　海	13	28.26%(23)	30.19%(23)	0.29%(29)
29	天　津	11	17.74%(26)	12.47%(30)	0.44%(28)
30	上　海	8	1.36%(30)	2.90%(31)	0.24%(30)
31	西　藏	0	0.00%(31)	50.00%(1)	0.02%(31)

注：

排序，系该省级行政区中院一审案件中判决行政违法案件数从大到小的排列。

违法数，系该省级行政区中院一审案件中判决行政违法的案件数。

占比(排名)，系该省级行政区中院一审案件中判决行政违法案件数，占该省级行政区中院一审案件数的比例，以及从大到小的排名。

■代表该省级行政区中院一审案件中判决行政违法案件数，加该省级行政区撤案件数，以及从大到小的排名。

◆代表该省级行政区中院一审案件中判决行政违法案件数加该省级行政区撤案件数，占该省级行政区中院一审案件数加该省级行政区撤诉案件数的比例，以及从大到小的排名。

从表2-5-2中可以看出，加上撤诉数后，中院一审案件中行政违法案件数的排序发生了一些变化。在该省级行政区中院一审案件中，判决行政违法案件数加该省级行政区撤案件数的排名上，河南位列第10，山东位列第15，浙江位列第27，排名有较大幅度下降。在该省级行政区中院一审案件中，判决行政违法案件数加该省级行政区撤案件数，占该省级行政区中院一审案件数加该省级行政区撤诉案件数之比的排名上，整体上与行政违法案件数相同，没有明显变化。

第六节　行政违法数排名的变量分析

行政违法数排名在某个面上展现了法治政府建设情况。但我们注意到，有一些因素与行政违法数的生成关系密切，应该将其作为行政违法数排名的变量加以分析，如行政违法数在行政案件数中的占比、常住人口数、GDP、地级行政区数、县级行政区数等。对行政违法数排名的变量进行分析，有利于矫正行政违法数排名产生的偏差，从而更全面地展现法治政府的建设情况。

一、行政违法数在行政案件数中的占比排名

（一）行政违法案件数在行政案件数中的占比

表 2-6-1 显示，就行政违法案件数在该省级行政区行政案件中的占比（简称违法率），排在前 5 位的依次是贵州（44.25%）、宁夏（36.16%）、甘肃（33.79%）、山西（33.60%）、陕西（32.98%）。这一定程度上反映出这五个省级行政区行政违法程度高。排在最后 5 位的是重庆（12.48%）、江苏（9.94%）、天津（9.49%）、北京（9.35%）、上海（1.05%）。重庆、天津、北京、上海等四大直辖市位居后列，尤其上海位列最后，说明它们法治政府的建设良好。

表 2-6-1　行政违法案件数在该省级行政区行政案件数的占比

排名	省级行政区	违法数	案件数	占比(排名)	加撤诉数 占比(排名)
1	河　南	1 325	4 380	30.25%(8)	47.65%(7)
2	贵　州	882	1 993	44.25%(1)	53.38%(4)
3	山　东	730	3 065	23.82%(15)	37.21%(19)
4	广　东	577	3 287	17.55%(25)	30.73%(26)
5	辽　宁	571	1 767	32.31%(6)	44.88%(9)
6	浙　江	493	2 861	17.23%(26)	31.88%(25)
7	湖　南	469	2 604	18.01%(24)	36.06%(21)
8	福　建	378	1 515	24.95%(14)	38.44%(16)
9	四　川	359	1 810	19.83%(21)	36.86%(20)
10	安　徽	345	1 497	23.05%(18)	41.58%(12)
11	湖　北	336	1 412	23.80%(16)	43.81%(10)
12	山　西	335	997	33.60%(4)	51.71%(5)
13	江　苏	289	2 906	9.94%(28)	32.52%(24)
14	河　北	288	1 495	19.26%(23)	28.15%(28)
15	广　西	284	959	29.61%(10)	46.43%(8)
16	江　西	279	1 263	22.09%(19)	35.43%(22)
17	陕　西	278	843	32.98%(5)	55.19%(3)
18	吉　林	221	943	23.44%(17)	33.33%(23)
19	重　庆	202	1 618	12.48%(27)	28.92%(27)

续表

排名	省级行政区	违法数	案件数	占比(排名)	加撤诉数占比(排名)
20	甘　肃	198	586	33.79%(3)	56.74%(2)
21	黑龙江	193	714	27.03%(12)	37.30%(18)
22	北　京	151	1 615	9.35%(30)	21.79%(30)
23	海　南	138	453	30.46%(7)	38.95%(15)
24	云　南	130	484	26.86%(13)	38.97%(14)
25	内蒙古	124	455	27.25%(11)	40.47%(13)
26	新　疆	119	395	30.13%(9)	49.36%(6)
27	宁　夏	81	224	36.16%(2)	65.87%(1)
28	天　津	45	474	9.49%(29)	27.66%(29)
29	上　海	27	2 570	1.05%(31)	4.86%(31)
30	青　海	25	127	19.69%(22)	37.42%(17)
31	西　藏	1	5	20.00%(20)	42.86%(11)

注：

排名，系判决行政违法案件数从大到小的排序。

占比(排名)，系该省级行政区判决行政违法案件数占该省级行政区经判决案件数的比例，以及从大到小的排名。

加撤诉数占比(排名)，系该省级行政区判决行政违法案件数加该省级行政区撤诉案件数，占该省级行政区判决案件数加该省级行政区撤诉案件数的比例，以及从大到小的排名。

在2016年，违法率排名前5位的省级行政区分别为青海(54.3%)、宁夏(52.5%)、西藏(50%)、贵州(49%)、海南(40.7%)。到2017年，青海变化很大，从2016年的超过50%，排名第1，变为2017的不到20%，排名22，显示青海法治政府建设取得进步。2016年违法率排名最后5位是重庆(16.4%)、江苏(11.7%)、北京(11.5%)、天津(9.3%)、上海(5.2%)，在此两年情况基本没有变化，4个直辖市始终位列其中。

表2-6-1显示，在该省级行政区判决行政违法案件数占该省级行政区经判决案件数之比例的排名中，位列前5位的分别是贵州、宁夏、甘肃、山西、陕西，但是这五个省级行政区在违法数排名中却高低不一，呈现出分散的样态，说明违法数与违法数在判决数的占比之间并无太大相关性。

加上撤诉数后，行政违法案件数与行政案件数之比排在前5位的省级行政区分别是宁夏、甘肃、陕西、贵州和山西，从地理位置上看，这五个省级行政区集中位于我国中西部地区。而违法数位居前列的山东、广东、河南、浙江、湖南等省级行政区在加上撤诉数之后的排名中都有较大幅度的下降。撤诉案件数对行政违法状况排名有一定的矫正作用。

(二) 省级行政区违法案件数在全国行政违法案件中的占比

省级行政区判决行政违法案件数在全国判决行政违法案件数中的占比排名,与前述判决行政违法案件数的全国排名应是完全一致。表 2-6-2 显示,该占比超过 10%的只有河南。超过 5%但低于 10%的有 4 个省级行政区,超过 3%但低于 5%的有 7 个省级行政区,低于 1%的有 5 个省级行政区。

表 2-6-2　省级行政区行政违法案件数在全国行政违法案件中的占比

排名	省级行政区	违法数	判决占比	撤诉数	判决加撤诉占比(排名)
1	河　南	1 325	13.42%	1 456	13.17%(1)
2	贵　州	882	8.93%	390	6.02%(3)
3	山　东	730	7.39%	654	6.55%(2)
4	广　东	577	5.84%	625	5.69%(6)
5	辽　宁	571	5.78%	403	4.61%(8)
6	浙　江	493	4.99%	615	5.25%(7)
7	湖　南	469	4.75%	735	5.70%(5)
8	福　建	378	3.83%	332	3.36%(12)
9	四　川	359	3.64%	488	4.01%(9)
10	安　徽	345	3.49%	475	3.88%(11)
11	湖　北	336	3.40%	503	3.97%(10)
12	山　西	335	3.39%	374	3.36%(13)
13	江　苏	289	2.93%	972	5.97%(4)
14	河　北	288	2.92%	185	2.24%(19)
15	广　西	284	2.88%	301	2.77%(15)
16	江　西	279	2.83%	261	2.56%(17)
17	陕　西	278	2.82%	418	3.29%(14)
18	吉　林	221	2.24%	140	1.71%(21)
19	重　庆	202	2.05%	374	2.73%(16)
20	甘　肃	198	2.01%	311	2.41%(18)
21	黑龙江	193	1.95%	117	1.47%(22)
22	北　京	151	1.53%	257	1.93%(20)
23	海　南	138	1.40%	63	0.95%(27)
24	云　南	130	1.32%	96	1.07%(25)

续表

排名	省级行政区	违法数	判决占比	撤诉数	判决加撤诉占比(排名)
25	内蒙古	124	1.26%	101	1.07%(26)
26	新　疆	119	1.21%	150	1.27%(24)
27	宁　夏	81	0.82%	195	1.31%(23)
28	天　津	45	0.46%	119	0.78%(28)
29	上　海	27	0.27%	103	0.62%(29)
30	青　海	25	0.25%	36	0.29%(30)
31	西　藏	1	0.01%	2	0.01%(31)

注：

排名，系判决行政违法数从大到小的排名。

判决占比，系该省级行政区判决行政违法案件数，占全国判决行政违法案件数的比例。

判决加撤诉占比(排名)，系该省级行政区判决行政违法案件数加该省级行政区撤诉案件数，占全国判决行政违法案件数加全国撤诉案件数的比例，以及从大到小的排名。

在该省级行政区判决行政违法案件数加该省级行政区撤诉案件数，占全国判决行政违法案件数加全国撤诉案件数之比例的排名中，前3位仍然是河南、贵州、山东，只是贵州和山东的排名顺序调换了一下。值得注意的是，江苏在行政违法案件数排名中位列第13位，但是在判决加撤诉占比排名中却上升至第4位，变化较为明显，除此之外位列前8位的省级行政区并无明显变化。

(三) 一审行政违法二审维持案件数及其占比

法院一审判决行政违法后，二审维持了该行政违法判决，这说明行政机关确实违法了。以此为指标能很好地表征法治政府建设情况。它通过一审行政违法二审维持案件数、该数在二审案件中的占比来共同体现。一审行政违法二审维持案件多、占比高，均表明该省级行政区法治政府建设还需进一步加强。

从表2-6-3可以看出，在一审行政违法二审维持案件数上，排名前5位的依次是河南、贵州、辽宁、山东、广东，它们多为人口大省。第1名的河南比第2名贵州多出270个，差距明显，第2至第5的省级行政区差距较小。陕西和重庆、云南和内蒙古的案件数相等。排在最后5位的是宁夏、天津、上海、青海、西藏。

表 2-6-3　　一审行政违法二审维持案件数及其占比

排名	省级行政区	一审行政违法二审维持案件数	二审案件数	占比(排名)
1	河　南	595	3 047	19.53%(3)
2	贵　州	325	1 278	25.43%(1)
3	辽　宁	320	1 516	21.11%(2)
4	山　东	282	2 354	11.98%(12)
5	广　东	271	2 885	9.39%(16)
6	四　川	221	1 629	13.57%(7)
7	江　苏	179	2 538	7.05%(24)
8	福　建	169	1 168	14.47%(4)
9	浙　江	162	2 053	7.89%(21)
10	湖　南	160	1 926	8.31%(20)
11	湖　北	146	1 089	13.41%(8)
12	河　北	131	1 365	9.60%(15)
13	山　西	92	637	14.44%(5)
14	安　徽	82	1 125	7.29%(23)
15	北　京	81	1 247	6.50%(25)
16	吉　林	79	728	10.85%(14)
17	黑龙江	74	604	12.25%(11)
18	广　西	69	775	8.90%(18)
19	陕　西	67	594	11.28%(13)
20	重　庆	67	1 236	5.42%(27)
21	甘　肃	50	381	13.12%(10)
22	江　西	35	729	4.80%(28)
23	新　疆	33	251	13.15%(9)
24	内蒙古	24	311	7.72%(22)
25	云　南	24	393	6.11%(26)
26	海　南	23	256	8.98%(17)
27	宁　夏	19	134	14.18%(6)
28	天　津	17	411	4.14%(29)
29	上　海	8	1 981	0.40%(30)
30	青　海	7	81	8.64%(19)
31	西　藏	0	4	0.00%(31)

注：

排名，系一审行政违法二审维持案件数从大到小的排名。

占比(排名)，系该省级行政区一审行政违法二审维持案件数，占该省级行政区二审案件数的比例及其排名。

一审行政违法二审维持案件数在二审案件数中的占比排在前 5 位的是贵州、辽宁、河南、福建、山西；排在最后 5 位的是重庆、江西、天津、上海、西藏。2

个省级行政区的占比大于20%,分别是贵州和辽宁;17个省级行政区低于10%,超过省级行政区个数的一半。

在该省级行政区一审行政违法二审维持案件数,占该省级行政区二审案件数之比例的排名中,位于前3名的分别是贵州、辽宁和河南,与一审行政违法二审维持案件数排名整体一致,但是河南占比排名下降到了第3位,比贵州少了5.9%个百分点,相当于一个重庆市或云南省的占比数值,其变化还是值得注意的。另外需要注意的是宁夏,其一审行政违法二审维持案件数排名较为靠后,但是占比排名却较为靠前,位列第6,说明宁夏二审维持案件数在整个二审案件数中的比例是偏高的。

二、每百万人口的行政违法案件数排名

根据已有判决数量,结合各省级行政区人口数量,可得出每百万人的行政违法判决书。从宏观角度来说,行政违法数还是受到人口等因素的影响。所以考虑人口因素,从每百万人口行政违法案件发生率角度进行考察有意义。

从图2-6-1中可以看出,除个别省份较为偏离总体趋势外,判决违法案件数与常住人口数基本上呈现正相关趋势。各个省级行政区在这个趋势上分布集中,说明判决违法案件数与常住人口数相关性很高。

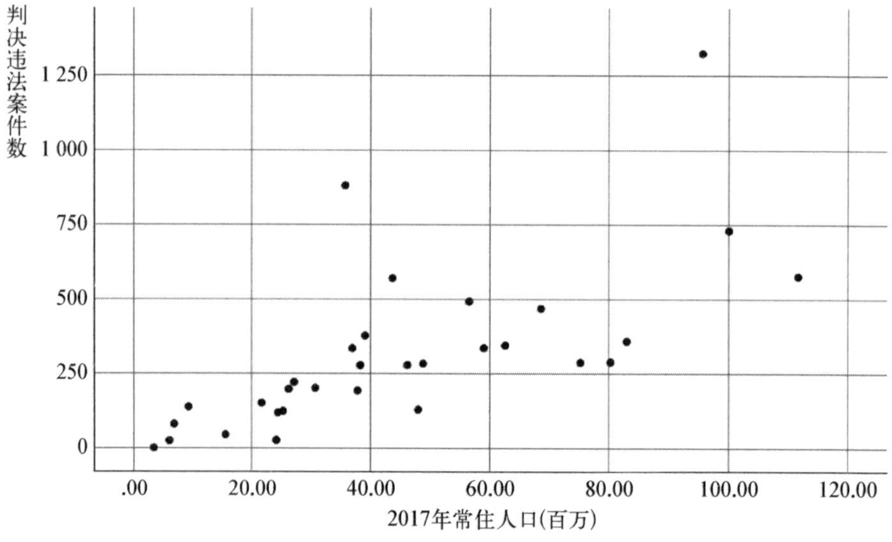

图2-6-1 判决违法案件数与常住人口数相关性散点

从图 2-6-2 中可以看出，在考虑撤诉数之后的违法案件数与常住人口数之间的散点图分部趋势较为明显，整体上呈现正相关趋势，相关性比较强。这表明，即使考虑了撤诉数，判决违法案件数与常住人口数之间仍有很强的相关性，即常住人口越多，判决违法案件数和撤诉案件数也越多，撤诉数对判决违法案件数与常住人口数之间的关系没有太大影响。

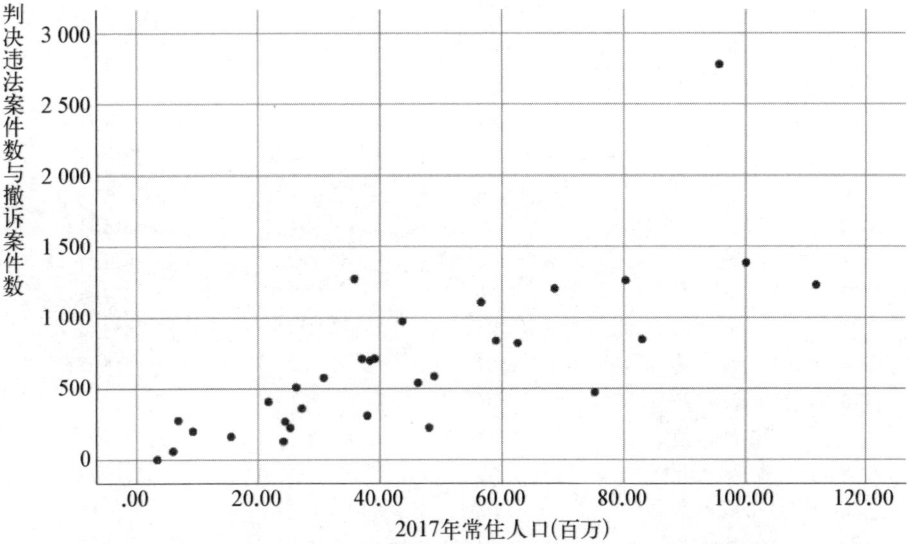

图 2-6-2　判决违法数与撤诉案件数之和与常住人口数相关性散点

一般而言，行政违法案件数和每百万人口的行政违法案件数这两者都靠前的话，说明该省级行政区法治政府建设存在明显不足，两者都靠后的话，说明该省级行政区法治政府建设成效良好。从表 2-6-4 中可以看出，贵州省以每百万人 24.64 个行政违法案件遥遥领先。每百万人高于 10 个行政违法案件的，还有海南(14.9 个)、河南(13.86 个)、辽宁(13.07 个)、宁夏(11.88 个)。每百万人行政违法案件数排在前 5 位，且在前述行政违法案件总数排名也进入前 5 名的有贵州、河南、辽宁，这说明这三省的法治政府建设值得检讨。排在后 4 位、低于 3 件的是天津、云南、上海、西藏。在前述行政违法案件总数中，天津、上海、西藏也位列最后 4 位，由此可见，天津、上海的法治政府建设取得了较好成效(西藏案件少，统计意义不大)。

表 2－6－4　　每百万人行政违法案件数

排名	省级行政区	违法数/百万人	撤诉数	结合撤诉数/百万人(排名)
1	贵　州	24.64	390	35.53(2)
2	海　南	14.90	63	21.70(5)
3	河　南	13.86	1 456	29.09(3)
4	辽　宁	13.07	403	22.29(4)
5	宁　夏	11.88	195	40.47(1)
6	福　建	9.67	332	18.16(11)
7	山　西	9.05	374	19.15(8)
8	浙　江	8.71	615	19.58(6)
9	吉　林	8.13	140	13.28(17)
10	甘　肃	7.54	311	19.38(7)
11	山　东	7.30	654	13.84(16)
12	陕　西	7.25	418	18.15(12)
13	北　京	6.96	257	18.80(9)
14	湖　南	6.84	735	17.55(13)
15	重　庆	6.57	374	18.73(10)
16	江　西	6.04	261	11.69(20)
17	广　西	5.81	301	11.97(19)
18	湖　北	5.69	503	14.21(15)
19	安　徽	5.52	475	13.11(18)
20	广　东	5.17	625	10.77(22)
21	黑龙江	5.09	117	8.18(27)
22	内蒙古	4.90	101	8.89(26)
23	新　疆	4.87	150	11.00(21)
24	四　川	4.32	488	10.20(25)
25	青　海	4.18	36	10.20(24)
26	河　北	3.83	185	6.29(28)
27	江　苏	3.60	972	15.71(14)
28	天　津	2.89	119	10.53(23)
29	云　南	2.71	96	4.71(30)
30	上　海	1.12	103	5.38(29)
31	西　藏	0.30	2	0.89(31)

考虑撤诉数后，每百万人行政违法案件数的前 5 位情况变化不大，只是顺序有所调整，宁夏排名第 1，海南位列第 5。其他省级行政区在结合撤诉数后的排名中也无较大变化，基本与每百万人违法数相一致。

三、GDP 每千亿元的行政违法案件数排名

从宏观角度说，行政违法案件数还是受到经济发展程度等因素的影响。根据判决行政违法案件数，结合各省级行政区生产总值，可得出每千亿元的行政违法案件数。

通过图 2-6-3 我们可以看到，各省级行政区的判决违法案件数与 GDP 总量基本呈现正相关趋势。除个别省级行政区偏离整体趋势，呈现出负相关关系外，大多数都较为集中分布于整体趋势上下，说明判决违法案件数与 GDP 总量之间具有较强的相关性。图中显示，部分省级行政区 GDP 总量非常高，但判决违法案件数却非常低，也有个别省级行政区违法案件数非常高，但 GDP 总量却略低于其他省级行政区。

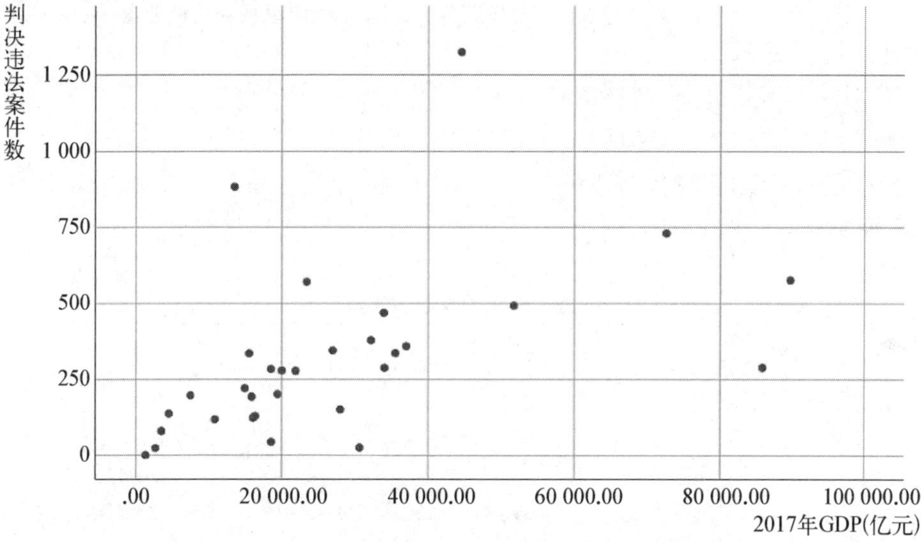

图 2-6-3　判决违法案件数与总 GDP 相关性散点

从图 2-6-4 中可以看出，在考虑撤诉数之后的违法案件数与 GDP 总量之间具有较强的相关性，呈现正相关趋势。

从表 2-6-5 中看到，贵州以 65.14 个违法数/千亿元 GDP 占据榜首，比排在第 2 名的海南省高出 1 倍。高于 20 个违法数/千亿元 GDP 的还有海南（30.92 个）、河南（29.74 个）、甘肃（26.54 个）、辽宁（24.39 个）、宁夏（23.52

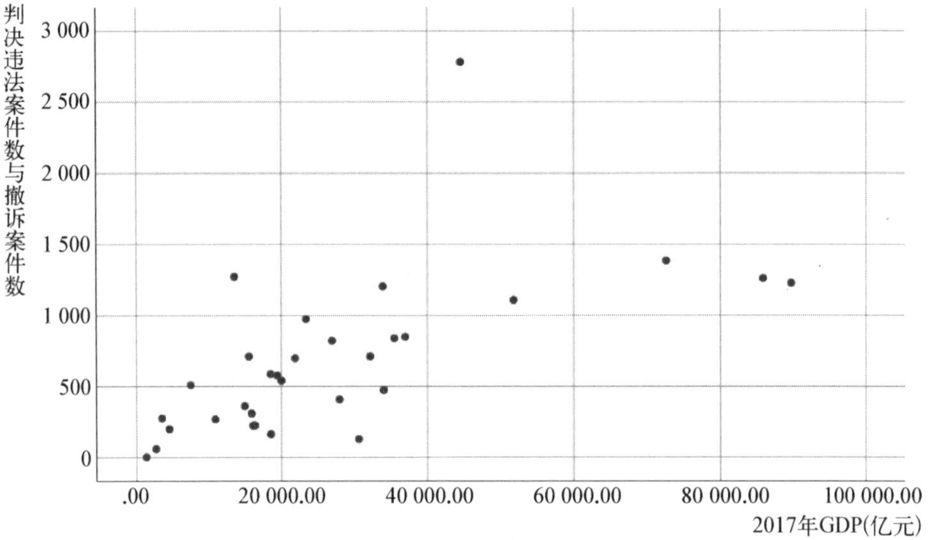

图 2-6-4 判决违法数与撤诉案件数之和与 GDP 总量相关性散点

个)、山西(21.57 个)。排在最后 4 位、低于 5/千亿元 GDP 的是江苏、天津、上海、西藏,说明它们在这方面情况较好(但西藏案件数少,统计意义不大)。每千亿元撤诉案件数整体与违法案件数保持一致,个别省份有微调,如宁夏从违法数排名第 6 上升至第 2。

表 2-6-5 每千亿元的行政违法案件数

排名	省级行政区	违法数/千亿元	撤诉数	结合撤诉数/千亿元(排名)
1	贵　州	65.14	390	93.94(1)
2	海　南	30.92	63	45.04(6)
3	河　南	29.74	1 456	62.42(4)
4	甘　肃	26.54	311	68.23(3)
5	辽　宁	24.39	403	41.60(7)
6	宁　夏	23.52	195	80.14(2)
7	山　西	21.57	374	45.65(5)
8	广　西	15.33	301	31.58(10)
9	吉　林	14.79	140	24.16(15)
10	江　西	13.95	261	27.00(13)
11	湖　南	13.83	735	35.50(8)

续表

排名	省级行政区	违法数/千亿元	撤诉数	结合撤诉数/千亿元(排名)
12	安　徽	12.77	475	30.35(11)
13	陕　西	12.69	418	31.77(9)
14	黑龙江	12.14	117	19.50(21)
15	福　建	11.75	332	22.07(19)
16	新　疆	10.94	150	24.73(14)
17	重　庆	10.40	374	29.66(12)
18	山　东	10.05	654	19.05(22)
19	四　川	9.71	488	22.91(18)
20	青　海	9.52	36	23.23(17)
21	浙　江	9.52	615	21.40(20)
22	湖　北	9.47	503	23.65(16)
23	河　北	8.47	185	13.91(26)
24	云　南	7.94	96	13.80(27)
25	内蒙古	7.70	101	13.97(25)
26	广　东	6.43	625	13.39(28)
27	北　京	5.39	257	14.56(24)
28	江　苏	3.37	972	14.70(23)
29	天　津	2.43	119	8.86(29)
30	上　海	0.88	103	4.24(30)
31	西　藏	0.76	2	2.28(31)

从图 2 - 6 - 5 中可以看出，人均 GDP 在 2.5 万—7.5 万元的区间内的散点图分布比较分散，但总体上呈现正相关趋势，说明人均 GDP 越高，判决违法案件数越多，有个别省级行政区违法案件数畸高。人均 GDP 在 7.5 万—15 万元区间内的散点图分布总体呈现负相关趋势，说明在这个区间内，人均 GDP 越高，判决违法案件数越少。总体而言，以人均 GDP 7.5 万元为转折点，前一区间内的省级行政区判决违法案件数与各省级行政区人均 GDP 相关性不太明显，但总体上呈现正相关趋势；后一区间内的省级行政区判决违法案件数与个省级行政区人均 GDP 相关性比较明显，其散点图大体上分布于一条线上，总体上呈现负相关趋势。这表明，在人均 GDP 低于 7.5 万元时，行政判决违法案件数随着人均 GDP 的增长而增长；在人均 GDP 高于 7.5 万元时，行政判决违反案件数随着人均 GDP 的增长而较少，因此人均 GDP 为 7.5 万元时，意味着该省级行政区法治政府建设水平可能会迎来一个转折期。

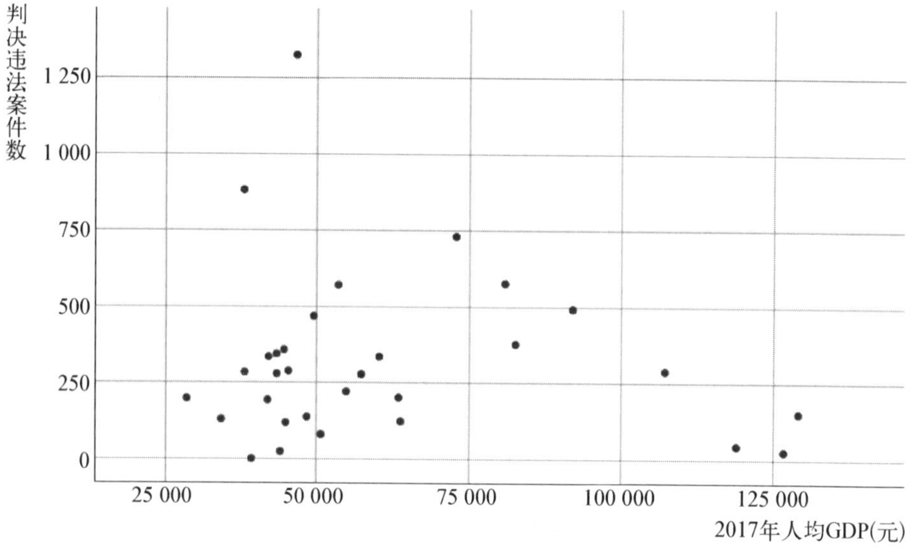

图 2-6-5 判决违法案件数与人均 GDP 相关性散点

图 2-6-6 显示,在考虑撤诉数之后的违法案件数与人均 GDP 之间的相关性不明显。总体上而言,在人均 GDP 为 2.5 万~7.5 万元这一区间内保持了与上述判决违法案件数与人均 GDP 相关性上的一致性,都呈现正相关关系;在人均 GDP 为 7.5 万—15 万元之间,考虑撤诉数之后的违法案件数与人

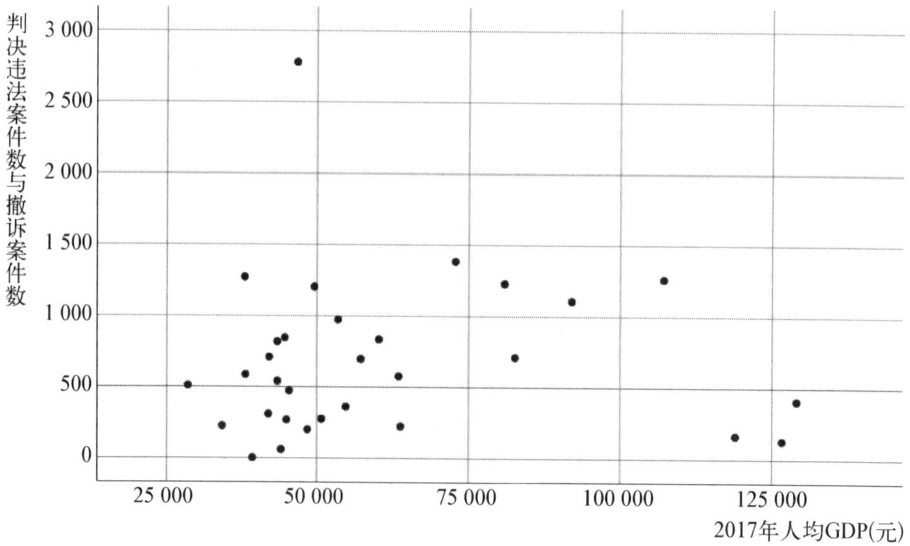

图 2-6-6 判决违法数与撤诉案件数之和与人均 GDP 相关性散点

均 GDP 之间的相关性散点图整体上呈现负相关关系，这与上述判决违法案件数与人均 GDP 的相关性一致。

四、平均每个市县级行政区的行政违法案件数排名

违法行政行为是由行政机关做出的，故行政机关数与行政违法数有着紧密关联。一般而言，行政机关数多，行政违法数多的可能性大，相反，行政机关数少，行政违法数少的可能性大。市、县政府是一类行政机关，其数多表明这一类行政机关多，相反，其数少表明这一类行政机关少。市、县政府下的部门也是行政机关，一般而言，市县政府数多，作为其部门的行政机关数也会多，反之，市县政府数少，作为其部门的行政机关数也会少。

从图 2－6－7 中可以看出，各散点分布较为分散，但整体上呈现出较弱的正相关关系，即各省级行政区的地级行政区个数越多，判决违法案件数就越多。

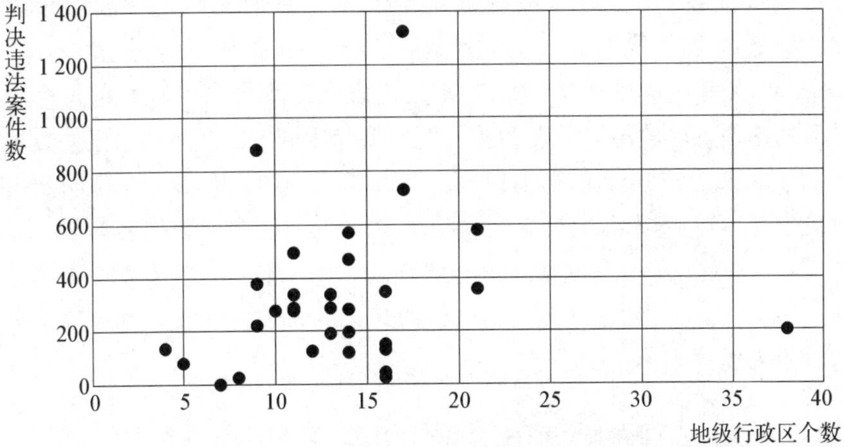

图 2－6－7　判决行政违法案件数与地级行政区数量相关性散点

从图 2－6－8 中我们可以看出，各个散点分布虽然较为分散，但是整体处于一条线上下，相关性趋势较判决违法案件数与地级行政区数量相关性更为明显一些。从整体上看，其呈现正相关关系，即各省级行政区中县级行政区数量越多，其判决违法案件数就越多。

一省级行政区的行政违法数除以该省级行政区内市、县政府数后所得的

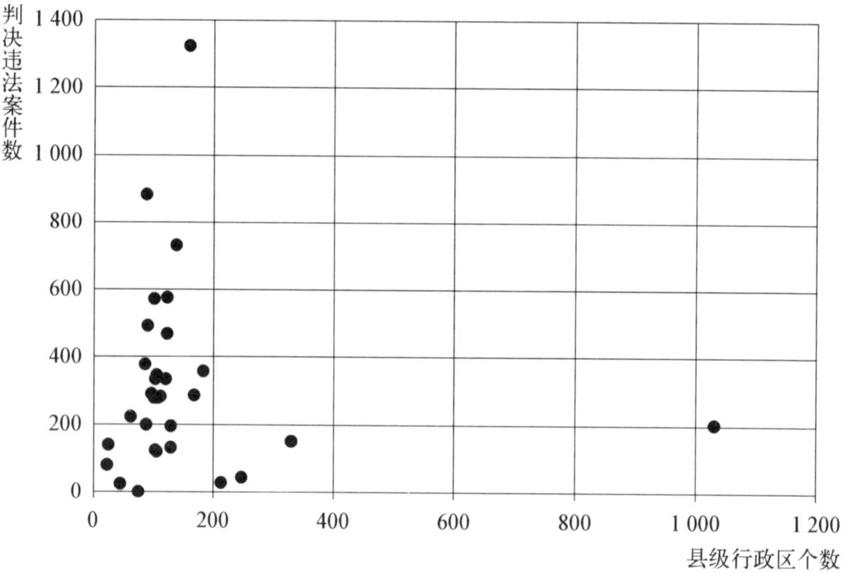

图 2-6-8　判决行政违法案件数与县级行政区数量相关性散点

一个市、县政府的行政违法案件数，对法治政府建设情况具有一定的表征力，该违法数低，表明情况不错，该违法数高，表明相关工作还要加强。表 2-6-6 显示，河南、贵州仍然排在前 2 位；广东虽然违法案件数排在第 4，但每个市县行政区的违法案件数却位居第 11 位、7 位；变化比较大的还有违法案件数排第 9 为的四川，每个市县行政区的违法案件数却降至第 19 位、20 位，说明四川在这方面表现不错；海南和宁夏变化也很大，海南的违法案件数排名第 23 位，但每个市县行政区的违法案件数却升至第 7 位、3 位，宁夏的违法案件数排名第 27 位，但每个市县行政区的违法案件数却升至第 20 位、11 位，说明海南、宁夏在这方面表现欠佳。

表 2-6-6　　平均每个市县行政区的行政违法案件数及其排名

违法案件数排名	省级行政区	违法案件数	地级行政区个数	违法案件数/地级行政区个数(排名)	县级行政区个数	违法案件数/县级行政区个数(排名)
1	河　南	1 325	17	77.94(2)	158	8.39(2)
2	贵　州	882	9	98.00(1)	88	10.02(1)
3	山　东	730	17	42.94(4)	137	5.33(6)
4	广　东	577	21	27.48(11)	121	4.77(7)

续表

违法案件数排名	省级行政区	违法案件数	地级行政区个数	违法案件数/地级行政区个数(排名)	县级行政区个数	违法案件数/县级行政区个数(排名)
5	辽　宁	571	14	40.79(6)	100	5.71(4)
6	浙　江	493	11	44.82(3)	89	5.54(5)
7	湖　南	469	14	33.50(8)	122	3.84(9)
8	福　建	378	9	42.00(5)	85	4.45(8)
9	四　川	359	21	17.10(19)	183	1.96(20)
10	安　徽	345	16	21.56(17)	105	3.29(12)
11	湖　北	336	13	25.85(13)	103	3.26(13)
12	山　西	335	11	30.45(9)	119	2.82(15)
13	江　苏	289	13	22.23(16)	96	3.01(14)
14	河　北	288	11	26.18(12)	168	1.71(21)
15	广　西	284	14	20.29(18)	111	2.56(18)
16	江　西	279	11	25.36(14)	100	2.79(16)
17	陕　西	278	10	27.80(10)	107	2.60(17)
18	吉　林	221	9	24.56(15)	60	3.68(10)
19	重　庆	202	38	5.32(27)	1 030	0.20(28)
20	甘　肃	198	14	14.14(22)	86	2.30(19)
21	黑龙江	193	13	14.85(21)	128	1.51(22)
22	北　京	151	16	9.44(24)	331	0.46(27)
23	海　南	138	4	34.50(7)	23	6.00(3)
24	云　南	130	16	8.13(26)	129	1.01(25)
25	内蒙古	124	12	10.33(23)	103	1.20(23)
26	新　疆	119	14	8.50(25)	105	1.13(24)
27	宁　夏	81	5	16.20(20)	22	3.68(11)
28	天　津	45	16	2.81(29)	248	0.18(29)
29	上　海	27	16	1.69(30)	214	0.13(30)
30	青　海	25	8	3.13(28)	43	0.58(26)
31	西　藏	1	7	0.14(31)	74	0.01(31)

图 2-6-9 显示，各散点分布较为分散，在考虑撤诉数之后的违法案件数与地级行政区数量相关性在整体上与上述判决违法案件数与地级行政区数量相关性趋势一致，呈现较弱的正相关关系。

图 2-6-10 显示，考虑撤诉数之后的违法案件数与县级行政区数量之间存在一定的联系，但相关性较弱。

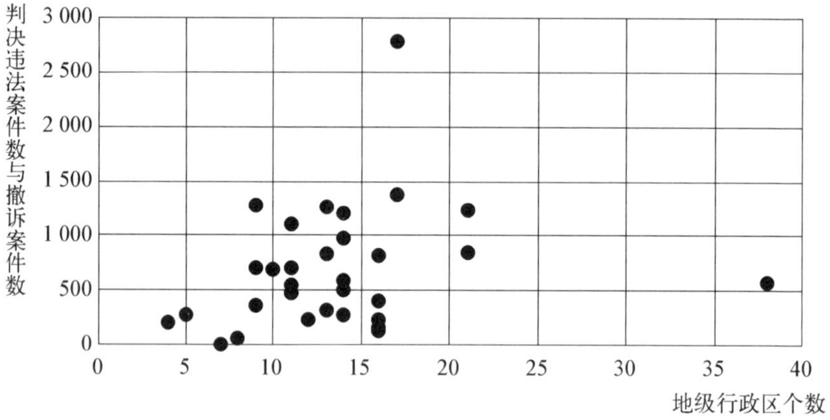

图 2-6-9　判决违法数与撤诉案件数之和与地级行政区数量相关性散点

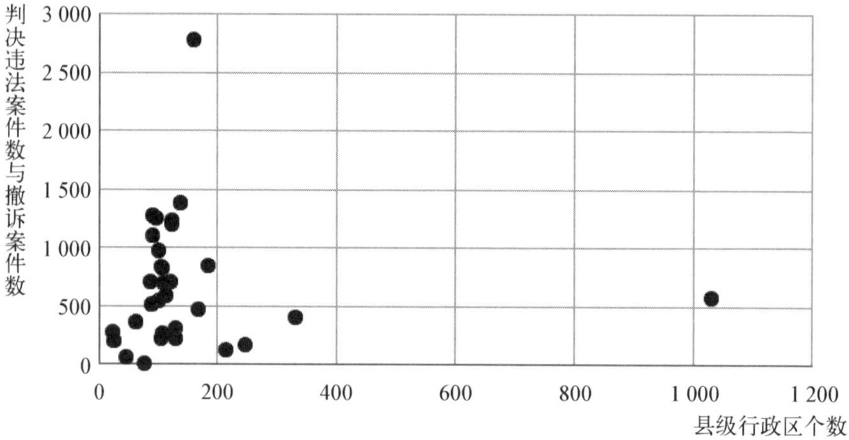

图 2-6-10　判决违法数与撤诉案件数之和与县级行政区数量相关性散点

五、小结

我们还可以运用SPSS分析工具对各省级行政区中判决违法案件数、GDP总量、人均GDP、常住人口、市县级行政区数、考虑撤诉数之后的违法案件数之间的相关性进行分析检验。在该表中,Sig值小于0.05表示具有一定的相关性,Sig值小于0.01表示相关性显著;** 表示两者具有较强相关性。

表2-6-7显示,与判决违法案件数有较强相关性的因素是地级行政区与县级行政区的数量,具有很强相关性的是常住人口数,而最不具相关性的因素

是人均 GDP,其 Sig 值达到了 0.478。而在考虑了撤诉数之后的判决违法案件数与 GDP 总量、常住人口数都具有很强的相关性,与地级行政区和县级行政区仅具有较强的相关性。

表 2-6-7　　　　指标与因素的相关性检验

		判决违法案件数	判决违法案件数与撤诉案件数	2017 年 GDP(亿元)	2017 年人均 GDP(元)	2017 年常住人口(百万)	地级行政区个数	县级行政区个数
判决违法案件数	皮尔逊相关性	1	0.947**	0.476**	−0.132	0.680**	0.146	−0.064
	显著性(双尾)		0.000	0.007	0.478	0.000	0.434	0.730
	个案数	31	31	31	31	31	31	31
判决违法案件数与撤诉案件数	皮尔逊相关性	0.947**	1	0.618**	−0.016	0.760**	0.228	−0.012
	显著性(双尾)	0.000		0.000	0.933	0.000	0.217	0.948
	个案数	31	31	31	31	31	31	31
2017 年 GDP(亿元)	皮尔逊相关性	0.476**	0.618**	1	0.458**	0.847**	0.323	0.019
	显著性(双尾)	0.007	0.000		0.010	0.000	0.077	0.918
	个案数	31	31	31	31	31	31	31
2017 年人均 GDP(元)	皮尔逊相关性	−0.132	−0.016	0.458	1	0.020	0.184	0.227
	显著性(双尾)	0.478	0.933	0.010		0.913	0.322	0.219
	个案数	31	31	31	31	31	31	31
2017 年常住人口(百万)	皮尔逊相关性	0.680**	0.760**	0.847**	0.020	1	0.366*	−0.022
	显著性(双尾)	0.000	0.000	0.000	0.913		0.043	0.907
	个案数	31	31	31	31	31	31	31
地级行政区个数	皮尔逊相关性	0.146	0.228	0.323	0.184	0.366*	1	0.850**
	显著性(双尾)	0.434	0.217	0.077	0.322	0.043		0.000
	个案数	31	31	31	31	31	31	31
县级行政区个数	皮尔逊相关性	−0.064	−0.012	0.019	0.227	−0.022	0.850**	1
	显著性(双尾)	0.730	0.948	0.918	0.219	0.907	0.000	
	个案数	31	31	31	31	31	31	31

注：**. 在 0.01 级别(双尾),相关性显著。
*. 在 0.05 级别(双尾),相关性显著。

我们还可以用各省级行政区违法案件数与相关因素的差值来一定程度地强化结论。排名差值为正的表明该省级行政区的判决违法数大于该因素排名;排名差值为负表明该省级行政区的判决违法数小于该因素排名。判决违法数与相关因素差值越趋近于零,表明该因素对该省级行政区的判决违法数影响越大,即可认为具有较大相关性;同理,判决违法数与相关因素差值越大于零或小于零,表明该因素对该省级行政区的判决违法数影响越小,即可认为较不具备相关性。相关因素差值过大或过小虽然表明两者一定程度上不具备相关性,但是能够反映出该地区在单一因素影响下法治政府建设的水平,最终综合多种因素得出该省级行政区整体的法治政府建设水平。

从表 2-6-8 可以看出,在判决违法数排名与常住人口排名差值方面,差值明显较大(差值数＜－5 或＞5)的省级行政区有云南、贵州、江苏、河北、辽宁和福建,其中云南和贵州的差值明显较大,分别为 12 和－17,一个畸高,一个畸低。这说明在江苏、河北尤其是云南,其违法案件数占每百万人口的数量要远远小于辽宁、福建特别是贵州,若仅从判决违法案件数与常住人口数排名差值这一角度判断,前者的法治政府建设情况要强于后者。在判决违法数排名与 GDP 总量排名差值方面,差值过高(差值数＜－5 或＞5)的省级行政区有贵州(－23)、上海(18)、山西(－11)、江苏(11)、北京(10)、天津(10)、辽宁(－9)、甘肃(－7)、吉林(－6)、河北(6)。可见,上海等差值为正值的 5 个省级行政区在法治政府建设上取得成效;贵州、山西、辽宁、甘肃和吉林等 5 个省级行政区差值均为负值,表明它们在法治政府建设方面还需努力,尤其是贵州,差值竟高达 23,亟须改进相关工作。

表 2-6-8　各省级行政区违法案件数与相关因素差值

省级行政区	判决违法案件数排名	2017 年 GDP 排名	2017 年常住人口排名	地级行政区个数排名	县级行政区个数排名	判决违法数与常住人口排名差值	判决违法数与总 GDP 排名差值	判决违法数与地级行政区个数排名差值	判决违法数与县级行政区个数排名差值
河　南	1	5	3	4	7	－2	－4	－3	－6
贵　州	2	25	19	25	24	－17	－23	－23	－22
山　东	3	3	2	4	8	1	0	－1	－5
广　东	4	1	1	2	12	3	3	2	－8
辽　宁	5	14	14	11	20	－9	－9	－6	－15
浙　江	6	4	10	20	23	－4	2	－14	－17
湖　南	7	9	7	11	11	0	－2	－4	－4
福　建	8	10	15	25	26	－7	－2	－17	－18
四　川	9	6	4	2	5	5	3	7	4
安　徽	10	13	8	6	16	2	－3	4	－6

续表

省级行政区	判决违法案件数排名	2017年GDP排名	2017年常住人口排名	地级行政区个数排名	县级行政区个数排名	判决违法数与常住人口排名差值	判决违法数与总GDP排名差值	判决违法数与地级行政区个数排名差值	判决违法数与县级行政区个数排名差值
湖　北	11	7	9	16	18	2	4	−5	−7
山　西	12	23	18	20	13	−6	−11	−8	−1
江　苏	13	2	5	16	22	8	11	−3	−9
河　北	14	8	6	20	6	8	6	−6	8
广　西	15	19	11	11	14	4	−4	4	1
江　西	16	16	13	20	20	3	0	−4	−4
陕　西	17	15	16	24	15	1	2	−7	2
吉　林	18	24	21	25	28	−3	−6	−7	−10
重　庆	19	17	20	1	1	−1	2	18	18
甘　肃	20	27	22	11	25	−2	−7	9	−5
黑龙江	21	22	17	16	10	4	−1	5	11
北　京	22	12	26	6	2	−4	10	16	20
海　南	23	28	28	31	30	−5	−5	−8	−7
云　南	24	20	12	6	9	12	4	18	15
内蒙古	25	21	23	19	18	2	4	6	7
新　疆	26	26	24	11	16	2	0	15	10
宁　夏	27	29	29	30	31	−2	−2	−3	−4
天　津	28	18	27	6	3	1	10	22	25
上　海	29	11	25	6	4	4	18	23	25
青　海	30	30	30	28	29	0	0	2	1
西　藏	31	31	31	29	27	0	0	2	4

总而言之，综合本章整体情况来看，案件数多和比例高的多属于西部地区、中部地区，案件数少和比例低的多属于东部地区。在行政违法案件与人口数、GDP、市县行政区数等关联后所呈现的情况也是如此。这种宏观格局与去年的统计结果相同。所以，我国东部地区法治政府建设情况良好，而中西部地区在这一方面还需要加大工作力度。

第三章　其他法治政府司法指数的评估试验

第一节　评估规则说明

在《法治中国的司法指数(2018)》中,我们尝试用作为法治政府重要面向的行政不作为指数和行政赔偿指数来进行法治政府建设的专项评估,而在本报告中,我们将指标数作进一步扩大,从法治政府的不同维度出发,进行其他法治政府司法指数的评估试验。为此,我们设定了7项二级指标,二级指标下设若干三级指标,用以更细致准确地研究各地区法治政府建设的诸多侧面。

基于2017年度的104 960份行政裁判文书,本章将结合下文设定的二级指标,并延伸出若干三级指标进行交叉排序,三级指标服务于相应的二级指标。由于每一个三级指标都有其自身的局限性,二级指标下设多个三级指标用于综合它们的评价功能,以期能更加客观地反映各地区的法治政府水平。本章所设定的7项二级指标分别为行政纠纷化解指数、行政纠纷持续指数、行政纠纷疑难指数、行政缠诉指数、行政公开指数、行政勤勉指数和法治营商环境指数。

表3-1-1　法治政府评估的各项二级与三级指标

序号	二级指标	三级指标
1	行政纠纷化解指数	不予受案绝对数 地区不予受案率 撤诉案件绝对数 地区撤诉率
2	行政纠纷持续指数	二审案件绝对数 再审案件绝对数 复议后诉讼绝对数

续表

序号	二级指标	三级指标
3	行政纠纷疑难指数	中院一审案件绝对判决数 高院案件绝对判决数
4	行政缠诉指数	多诉案件绝对数 多诉案件不予受案率 多诉案件违法绝对数 多诉案件违法率
5	行政公开指数	信息公开案件绝对数 信息公开违法绝对数 信息公开违法率
6	行政勤勉指数	不作为案件绝对数 不作为违法绝对数 行政不作为违法率
7	法治营商环境指数	法人案件绝对数 法人违法绝对数 法人案件违法率 行政许可案件绝对数 行政许可违法绝对数 行政许可违法率 行政登记案件绝对数 行政登记违法绝对数 行政登记违法率

三级指标不仅包括各种绝对数,还包括各类占比。绝对数是案件数分别除以人口和 GDP,再经过熵值法赋权和标准化换算后得到的数值。因为案件总数与地区人口以及地区 GDP 存在强相关关系,简言之,即人口越多,案件越多;GDP 越高,案件越多。直观的表现便是,河南作为人口大省,上海作为经济强市,其数据会与事实存在明显差距。通过剥离人口和 GDP 的影响,通过绝对数来呈现各地区的案件情况,可以有效地避免二者产生的数据偏差。此外,统计学理论认为,当样本容量不小于 30 时($n \geqslant 30$),可以理解为样本容量足够大了,这时称其为大样本,而样本容量小于 30 的样本称为小样本。[①] 在某些三级指标的评估中,西藏、青海等省份因样本容量小于 30 而不具有明显的统计学意义,故在测评时该类省份不参与最终测评,但是在表单中笔者仍将其罗列,以保证表单的完整性与科学性。同时根据独立同分布大数定律和伯努

① 黄小艳:《统计学》,重庆大学出版社 2015 年版,第 141 页。

利大数定律,虽然个别现象受偶然因素影响,本章采用的测评方法和测评指标不能使得测评结果与客观情况完全一致,但是通过对总体的大量观察,测评结果所反映出来的总体趋势,可以展现出各地区的司法指数状况。而为了使数据保持低位,便于观测与统计,本章统一使用件/百万人·万亿元的单位(法人案件绝对数除外,详见下文)进行绝对数的测量。

表 3-1-2　　各省级行政区 2017 年基本情况

省级行政区	2017 年常住人口(百万)	2017 年 GDP(亿元)	行政案件总数
安　徽	62.55	27 018.00	3 544
北　京	21.71	28 014.94	4 839
福　建	39.11	32 182.09	3 609
甘　肃	26.26	7 459.90	1 625
广　东	111.69	89 705.23	7 109
广　西	48.85	18 523.26	1 849
贵　州	35.80	13 540.83	4 107
海　南	9.26	4 462.54	939
河　北	75.20	34 016.32	2 960
河　南	95.59	44 552.83	8 917
黑龙江	37.89	15 902.68	2 196
湖　北	59.02	35 478.09	3 549
湖　南	68.60	33 902.96	6 762
吉　林	27.17	14 944.53	2 203
江　苏	80.29	85 869.76	7 451
江　西	46.22	20 006.31	2 474
辽　宁	43.69	23 409.24	4 227
内蒙古	25.29	16 096.21	1 055
宁　夏	6.82	3 443.56	708
青　海	5.98	2 624.83	306
山　东	100.06	72 634.15	6 195
山　西	37.02	15 528.42	2 285
陕　西	38.35	21 898.81	2 290
上　海	24.18	30 632.99	4 281
四　川	83.02	36 980.22	4 594
天　津	15.57	18 549.19	1 866
西　藏	3.37	1 310.92	13
新　疆	24.45	10 881.96	1 045
云　南	48.01	16 376.34	1 118
浙　江	56.57	51 768.26	7 241
重　庆	30.75	19 424.73	3 603

熵的概念源于热力学，是对系统状态不确定性的一种度量。在信息论中，熵是对不确定性的一种度量。信息量越大，不确定性就越小，熵也就越小；信息量越小，不确定性越大，熵也越大。根据熵的特性，我们可以通过计算熵值来判断一个事件的随机性及无序程度，也可以用熵值来判断某个指标的离散程度，指标的离散程度越大，该指标对综合评价的影响越大。

人们在决策中获得信息的多少和质量，是决策的精度和可靠性大小的决定因素之一。信息论中，信息熵是系统无序程度的度量，信息是系统有序程度的度量，两者绝对值相等，符号相反。熵是信息论中最重要的基本概念，它表示从一组不确定事物中提供信息量的多少。在多指标决策问题中，某项指标的变异程度越大，信息熵越小，该指标提供的信息量就越大，那么在方案评价中所取得的作用就越大，该指标的权重也就越大；反之，某指标的变异程度越小，信息熵越大，该指标所提供的信息量越小，那么该指标的权重也就越小。根据各指标值的变异程度，利用信息熵计算各指标的权重。

熵技术就是利用决策矩阵和各指标的输出熵来确定各指标的权系数的一种方法。

若考虑 n 个方案，m 个指标的多指标决策问题的决策矩阵 $X=(x_{ij})_{m\times n}$。

首先，为了便于计算和优选分析，消除指标间由于量纲不同而带来比较上的困难，可利用标准化公式对数据进行去量纲化处理，对于越大越好的指标，处理方式为：$r_{ij}=\dfrac{x_{ij}-x_i^{\min}}{x_i^{\max}-x_i^{\min}}+1$，对于越小越好的指标，处理方式为：$r_{ij}=\dfrac{x_i^{\max}-x_{ij}}{x_i^{\max}-x_i^{\min}}+1$，从而将决策矩阵 X 转变成为标准化决策矩阵 $R=(r_{ij})_{m\times n}$。

定义 1(评价指标的熵)：在有 n 个被评价对象，m 个评价指标的评估问题中，第 i 个评价指标的熵定义为：$H_i=-K\sum_{j=1}^{n}f_{ij}\ln f_{ij}$ i=1, 2, …, m; j=1, 2, …, n 其中 $K=(\ln n)^{-1}$，$f_{ij}=\dfrac{r_{ij}}{\sum_{j=1}^{n}r_{ij}}$；并假定，当 $f_{ij}=0$，$f_{ij}\ln f_{ij}=0$。

由于 $0\leqslant f_{ij}\leqslant 1$，所以 $0\leqslant-\sum_{j=1}^{n}f_{ij}\ln f_{ij}\leqslant\ln n$，也由此可知，$0\leqslant H_i\leqslant 1$

定义 2(评价指标的熵权)：在(m, n)评价问题中，第 i 个评价指标的熵权

w_i 定义为：$w_i = \dfrac{1-H_i}{m-\sum_{i=1}^{m} H_i}$

由上述定义以及熵函数的性质可以得到如下熵权的性质：

(1) 各被评价对象在指标 i 上的值完全相同时，熵值达到最大值 1，熵权为 0。这也意味着该指标未向决策者提供任何有用信息，该指标可以考虑被取消。

(2) 当各被评价对象在指标 i 上的值相差较大、熵值较小、熵权较大时，说明该指标向决策者提供了有用的信息。同时还说明在该问题中，各对象在该指标上有明显差异，应重点考察。

(3) 指标的熵越大，其熵权越小，该指标越不重要，而且满足

$$0 < w_i < 1 \text{ 且} \sum_{i=1}^{m} w_i = 1$$

(4) 作为权数的熵权，有其特殊意义。它并不是在决策或评估问题中某指标的实际意义上的重要性系数，而是在给定被评价对象集后各种评价指标值确定的情况下，表示各指标的在竞争意义上的相对激烈程度系数。

(5) 从信息角度来考虑，它代表了该指标在该问题中，提供有用信息量的多寡程度。

(6) 熵权的大小与被评价对象有直接关系。

熵值法确定各指标的权系数步骤如下：

(1) 由 $R=(r_{ij})_{m\times n}$ 计算第 i 项指标下第 j 个方案占该指标的比重 f_{ij}

$$f_{ij} = \frac{r_{ij}}{\sum_{i=1}^{m} r_{ij}} \quad i=1,\ 2,\ \cdots,\ m;\ j=1,\ 2,\ \cdots,\ n; \tag{1}$$

(2) 第 i 个评价指标 f_i 输出的熵

$$H_i = -K\sum_{j=1}^{n} f_{ij}\ln f_{ij} \quad j=1,\ 2,\ \cdots,\ n; \tag{2}$$

(3) 各目标的熵权系数 $w_i = \dfrac{1-H_i}{m-\sum_{i=1}^{m} H_i}$ $i=1,\ 2,\ \cdots,\ m$ (3)

例如以地区案件发生数为例，K 就是省级行政区的数量，m=2，表示“每百万常住人口行政案件数”和“每亿元 GDP 行政案件数”这两个指标。通过上

述熵值赋权法得到“每百万常住人口行政案件数”和“每亿元 GDP 行政案件数”的权重分别是 60.17%和 39.83%。

此外，本文采用“功效得分法”对指标进行百分制标准化，公式为：

$$功效得分 =(X_i - X_{min})/(X_{max} - X_{min}) \times 100 \quad (i=1, 2, 3\cdots\cdots31) \ (4)$$

上述公式中，i 表示省级行政区，Xi 即为省级行政区的某一指标实际数值，Xmax 和 Xmin 分别表示在这一指标上所有省级行政区数值中的最大值和最小值。这样算出来的得分体现了各个省级行政区于某项指标上在所有省级行政区中的相对位置。省级行政区在某一指标上的得分为 0 意味着该省级行政区在这一指标上的数值最低，反之，得分为 100 则意味着其指标数值在所有样本省级行政区中最高。

综上综上方法，根据三级指标的排名，笔者将进行相应的赋分。赋分的作用在于能够将得分相加，以此来综合它们的评价功能，从而避免单个面向评价而产生的局限性。这样，各项三级指标能够更准确地表征它们所共同服务的二级指标。例如，在行政纠纷化解指数这个二级指标中，设定了不予受案绝对数、不予受案率、撤诉案件绝对数、撤诉率等 4 个三级指标。这 4 个三级指标将根据省级行政区排名，进行相应的赋分。最后将 4 个三级指标所得分数相加，进行省级行政区间的重新排名，以此得出行政纠纷化解指数的最终省级行政区排名。（详见下文对“行政纠纷化解指数”的详细阐述）需要注意的是，在二级指标的排名当中，分值仅具有表征各省级行政区位次先后的作用，分值差距大小并不能准确反映各省级行政区在该二级指标下的差距水平。

此外，以上二级指标有的是从正面来评价法治政府水平，如行政纠纷化解指数、行政公开指数、行政勤勉指数、法治营商环境指数；有的是从负面来评价的，如行政纠纷持续指数、行政纠纷疑难指数、行政缠诉指数。

以下，来看各个二级指标具体情况。

第二节 七项二级指标的司法指数评估试验

（一）行政纠纷化解指数

行政纠纷的化解水平是评估法治政府的一项标准。该指标下设地区不予受案率、人均不予受案数、地区撤诉率、人均撤诉案件数等 4 个三级指标。不予受案虽然在法律上意味着案件不符合法定受理要件,但是这类案件量同样表明行政纠纷已经发生这个客观事实,因此也具有指标性意义。不予受案数据越高,说明很多行政纠纷案件无法通过诉讼渠道予以吸收,可能引流至信访等其他非正式救济途径,自然意味着行政机关和相对人之间的化解程度较低,故赋分越低,此时行政纠纷化解指数越低;另一方面,撤诉数据越高,说明行政机关通过诉讼中的协商和沟通,可以与行政相对人达到一定程度上的和解,[①]象征着行政纠纷得到实质化解,故赋分越高,此时行政纠纷化解指数越高。必须强调的是,行政纠纷化解指数的结论有必要关联行政违法指数进行综合考量,如有些地区的行政违法率低,那么行政纠纷化解指数偏低亦可表明政府依法行政的水平比较高。反之,由于原告撤诉在现实中往往是由于行政机关因行为存在瑕疵而做出让步,所以在行政违法指数偏高的情况下,行政纠纷化解指数的正向效应也要大打折扣。

表 3-2-1　各省级行政区不予受案数得分

省级行政区	每百万人不予受案案件数	每亿元 GDP 不予受案案件数	每百万人不予受案数(标准化)	每亿元 GDP 不予受案数(标准化)	不予受案绝对数(标准化)
云　南	11.21	0.03	0.00	1.92	0.61
广　西	12.06	0.03	0.68	0.83	0.73
内蒙古	19.73	0.03	6.80	0.00	4.63
河　北	17.02	0.04	4.64	6.88	5.35
山　东	24.75	0.03	10.79	3.21	8.38
新　疆	20.45	0.05	7.37	15.52	9.96
江　西	20.55	0.05	7.45	17.11	10.53
广　东	28.62	0.04	13.88	4.82	11.00
陕　西	26.83	0.05	12.45	16.60	13.77
湖　北	27.69	0.05	13.14	15.63	13.93
青　海	23.91	0.05	10.13	24.38	14.66
山　西	24.69	0.06	10.75	28.92	16.53
安　徽	25.13	0.06	11.10	28.22	16.55

① 前文提及,在行政诉讼实践中发现,当事人撤诉往往是由于行政机关认识到自己的行政行为瑕疵,并对原行政行为作出纠正,或是与原告达成和解,使得原告基于诉讼目的已经达到从而撤诉。因此,在以下涉及“行政机关违法率”的计算中,撤诉数也算入其中。

续表

省级行政区	每百万人不予受案案件数	每亿元 GDP 不予受案案件数	每百万人不予受案数（标准化）	每亿元 GDP 不予受案数（标准化）	不予受案绝对数（标准化）
四　川	27.66	0.06	13.11	32.27	19.21
江　苏	44.50	0.04	26.54	11.01	21.60
河　南	32.23	0.07	16.76	39.61	24.03
福　建	45.05	0.05	26.98	24.66	26.24
吉　林	41.22	0.07	23.92	45.62	30.83
甘　肃	27.72	0.10	13.17	69.13	30.98
黑龙江	36.03	0.09	19.78	56.93	31.61
宁　夏	42.38	0.08	24.84	54.95	34.43
上　海	66.50	0.05	44.07	22.31	37.15
辽　宁	47.08	0.09	28.60	59.04	38.29
重　庆	52.39	0.08	32.83	53.92	39.54
海　南	45.68	0.09	27.48	66.23	39.81
浙　江	66.55	0.07	44.12	43.32	43.86
湖　南	49.90	0.10	30.84	72.64	44.14
天　津	81.76	0.07	56.24	39.07	50.77
贵　州	48.16	0.13	29.45	100.00	51.91
北　京	136.67	0.11	100.00	77.77	92.92
权　重	—	—	0.68	0.32	1.00

不予受案数越多则总得分越高，行政纠纷化解的情况越差。不予受案绝对数即根据笔者前文采用的方法，排除地区人口和 GDP 因素对不予受案案件数的干扰所得出的案件数，其可以更加客观地体现各地区不予受案的数量，同时结合统计规则，将案件数只有 6 件的西藏排除在统计范围之外，由此根据案件绝对数的多少进行排名。根据行政纠纷化解的思路，行政相对人因行政机关的前期工作未能有效解决纠纷从而选择提起诉讼，而当某一地区不予受案数越多，就意味着有更多的案件未通过行政诉讼进入司法化解的轨道，失去司法救济的可能。故而笔者认为不予受案绝对数越多，行政纠纷化解状况越差，赋分便越小。根据表单不予受案绝对数得分最高的 5 个省市依次为北京、贵州、天津、湖南、浙江。其中北京的得分远远高于其他省市，需要引起注意。而不予受案数最少的 5 个省市依次为山东、河北、内蒙古、广西、云南。其中山东、河北的原始不予受案数都高达近 1 000 件，但是在排除相关因素的影响后

迅速回落,而内蒙古、广西、云南虽然地区人口规模和地区 GDP 均不突出,但是总体上多数行政纠纷都能被司法渠道所吸收。

表 3-2-2　　各省级行政区不予受案率得分

省级行政区	不予受案数	案件总数	不予受案率	不予受案率(标准化)
广　西	589	1 849	31.86%	0.00
河　南	3 081	8 917	34.55%	7.40
上　海	1 608	4 281	37.56%	15.68
江　西	950	2 474	38.40%	17.99
山　东	2 476	6 195	39.97%	22.30
山　西	914	2 285	40.00%	22.39
宁　夏	289	708	40.82%	24.64
贵　州	1 724	4 107	41.98%	27.83
河　北	1 280	2 960	43.24%	31.30
安　徽	1 572	3 544	44.36%	34.38
重　庆	1 611	3 603	44.71%	35.34
甘　肃	728	1 625	44.80%	35.59
陕　西	1 029	2 290	44.93%	35.95
广　东	3 197	7 109	44.97%	36.06
海　南	423	939	45.05%	36.28
湖　北	1 634	3 549	46.04%	39.00
青　海	143	306	46.73%	40.90
内蒙古	499	1 055	47.30%	42.46
新　疆	500	1 045	47.85%	43.98
江　苏	3 573	7 451	47.95%	44.25
云　南	538	1 118	48.12%	44.72
辽　宁	2 057	4 227	48.66%	46.20
福　建	1 762	3 609	48.82%	46.64
四　川	2 296	4 594	49.98%	49.83
湖　南	3 423	6 762	50.62%	51.60
吉　林	1 120	2 203	50.84%	52.20
浙　江	3 765	7 241	52.00%	55.39
北　京	2 967	4 839	61.31%	81.00
黑龙江	1 365	2 196	62.16%	83.33
天　津	1 273	1 866	68.22%	100.00

不予受案率越高则标准化数值越大,行政纠纷化解的情况越差。除了不予受案绝对数,笔者同时通过不予受案率对各地区排名进行修正,即通过比较

不予受案数量在总案件数中所占的比例来评价各省市的立案工作。通过与不予受案绝对数表单的对比，可以发现只有北京、天津依旧保持前五位的不予受案率，其中北京比后一位的浙江高出近 10 个百分点，天津的不予受案率将近是广西的 2 倍，这样也表明在通过行政诉讼化解行政纠纷方面，以上两个省市需要进一步激活行政纠纷化解机制，落实立案工作。本表单得分最高的 5 个省份变为广西、河南、上海、江西和山东，可以看出广西的排名进一步提升，已经来到榜首，而上海的排名突飞猛进，来到表单的第 3 位，人口大省河南在总案件数高达 8 917 件的情况下，不予受案率控制在了 34.55%，总案件数比榜首广西多出 3 倍有余，而不予受案率仅高出 3 个百分点。这表明不管诉讼结果如何，大多数行政纠纷至少可以通过诉讼来缓解双方矛盾，避免行政相对人采取其他途径来激化矛盾。除此之外，东北三省的不予受案率悉数进入前 10 名，其中黑龙江、吉林的不予受案率均高达 50%以上，如此之高的不予受案率恐怕也不能简单用行政相对人法律专业水平低、乱诉讼错诉讼现象严重来解释。

表 3-2-3　　各省级行政区撤诉案件数得分

省级行政区	每百万人撤诉案件数	每亿元 GDP 撤诉案件数	每百万人撤诉案件数（标准化）	每亿元 GDP 撤诉案件数（标准化）	撤诉案件绝对数（标准化）
宁　夏	28.59	0.06	0.00	0.00	0.000 0
甘　肃	11.84	0.04	62.98	28.04	42.365 4
河　南	15.23	0.03	50.24	44.96	47.124 8
贵　州	10.89	0.03	66.55	52.24	58.107 1
山　西	10.10	0.02	69.53	61.10	64.556 3
湖　南	10.71	0.02	67.23	65.61	66.274 2
重　庆	12.16	0.02	61.78	70.17	66.730 1
陕　西	10.90	0.02	66.53	70.48	68.860 5
安　徽	7.59	0.02	78.96	73.31	75.626 5
辽　宁	9.22	0.02	72.83	73.99	73.514 4
广　西	6.16	0.02	84.35	75.81	79.311 4
湖　北	8.52	0.01	75.47	79.70	77.965 7
海　南	6.80	0.01	81.94	79.81	80.683 3
新　疆	6.13	0.01	84.45	80.43	82.078 2
青　海	6.02	0.01	84.88	80.56	82.331 2
四　川	5.88	0.01	85.42	81.54	83.130 8

续表

省级行政区	每百万人撤诉案件数	每亿元 GDP 撤诉案件数	每百万人撤诉案件数(标准化)	每亿元 GDP 撤诉案件数(标准化)	撤诉案件绝对数(标准化)
江　西	5.65	0.01	86.28	81.82	83.648 6
浙　江	10.87	0.01	66.64	84.01	76.888 3
江　苏	12.11	0.01	62.00	85.06	75.605 4
福　建	8.49	0.01	75.60	86.94	82.290 6
吉　林	5.15	0.01	88.14	88.73	88.488 1
北　京	11.84	0.01	63.00	89.09	78.393 1
山　东	6.54	0.01	82.94	89.41	86.757 3
黑龙江	3.09	0.01	95.91	92.50	93.898 1
广　东	5.60	0.01	86.48	93.23	90.462 5
天　津	7.64	0.01	78.78	94.27	87.919 1
内蒙古	3.99	0.01	92.50	94.53	93.697 7
云　南	2.00	0.01	100.00	95.31	97.232 9
河　北	2.46	0.01	98.27	96.10	96.989 7
上　海	4.26	0.00	91.50	100.00	96.515 0
权　重	—	—	0.41	0.59	1.000 0

撤诉案件数越多,标准化后进行正向化处理,得分越低,行政纠纷化解的情况越好。各省级行政区通过撤诉绝对数进行排列后,上海、河北、云南位于末端,当然,此现象可能是由于行政相对人乐于诉讼,或者是行政相对人因行政机关改变原违法行为所以选择撤诉,而以上省市行政机关的违法行为本身少之又少,故也较少存在改变原行政行为、导致行政相对人撤诉的现象,但是单纯就行政纠纷化解而言,行政诉讼的原告未选择撤诉,这本身就意味着行政纠纷仍未被化解,仍然需要通过行政诉讼进行解决,故在此指标中以上三地区只能获得较低的赋分,而与之相反,宁夏、甘肃、河南等地区的数值位居前列,其中宁夏更是将其他省市远远甩在身后。

撤诉率越高,标准化后,进行正向化处理,最终得分越低,行政纠纷化解的情况越好。行政相对人撤诉意味着其与行政机关的纠纷得到了较好的化解,在表 3-2-4 中,撤诉率越高,说明纠纷化解率越高,故行政纠纷化解情况越好,所赋分值越大。除去西藏,撤诉率排名榜单前三的依次是宁夏、甘肃、陕西,说明西北地区的撤诉率相对较高,能够较好地将纠纷化解促成在审判之前;在华中地区,河南作为全国案件数最多的城市,其撤诉率达到16.33%,位居撤诉率排名榜单前五，说明其在行政纠纷化解的层面上表现良好；华北的山西在本次撤诉率上远超京津冀地区；华南地区中，广西以16.28%的撤诉率远超广东，这与其总体案件数有关；就华东地区而言，上海为全国撤诉率之最低；此外，安徽、江苏、山东、江西、福建和浙江则表现相对中规中矩；四川、重庆、贵州和云南四地的得分相对接近。

表3-2-4 各省级行政区撤诉率得分

省级行政区	撤诉案件数	撤诉率	撤诉率(标准化)
宁　夏	195	0.28	0.00
甘　肃	311	0.19	33.43
陕　西	418	0.18	36.97
山　西	374	0.16	44.45
河　南	1 456	0.16	44.61
广　西	301	0.16	44.81
新　疆	150	0.14	52.49
湖　北	503	0.14	53.20
安　徽	475	0.13	56.27
江　苏	972	0.13	57.66
青　海	36	0.12	62.79
湖　南	735	0.11	66.34
四　川	488	0.11	67.33
山　东	654	0.11	67.57
江　西	261	0.11	67.61
重　庆	374	0.10	68.28
内蒙古	101	0.10	71.51
辽　宁	403	0.10	71.67
贵　州	390	0.10	71.79
福　建	332	0.09	72.98
广　东	625	0.09	74.61
云　南	96	0.09	75.41
浙　江	615	0.08	75.81
海　南	63	0.07	82.89
天　津	119	0.06	84.20
吉　林	140	0.06	84.32
河　北	185	0.06	84.72

续表

省级行政区	撤诉案件数	撤诉率	撤诉率(标准化)
黑龙江	117	0.05	88.38
北　京	257	0.05	88.46
上　海	103	0.02	100.00

表3-2-5　各省级行政区行政纠纷化解指数

省级行政区	撤诉案件绝对数(标准化)	撤诉率(标准化)	不予受案绝对数(标准化)	不予受案率(标准化)	行政纠纷化解指数得分
宁夏	0.00	0.00	34.43	24.64	15.60
河南	47.12	44.61	24.03	7.40	33.72
广西	79.31	44.81	0.73	0.00	35.98
甘肃	42.37	33.43	30.98	35.59	36.38
山西	64.56	44.45	16.53	22.39	39.21
陕西	68.86	36.97	13.77	35.95	40.34
安徽	75.63	56.27	16.55	34.38	46.66
湖北	77.97	53.20	13.93	39.00	46.66
江西	83.65	67.61	10.53	17.99	47.06
新疆	82.08	52.49	9.96	43.98	47.25
山东	86.76	67.57	8.38	22.30	47.96
江苏	75.61	57.66	21.60	44.25	49.97
青海	82.33	62.79	14.66	40.90	50.28
内蒙古	93.70	71.51	4.63	42.46	52.36
云南	97.23	75.41	0.61	44.72	53.10
广东	90.46	74.61	11.00	36.06	53.15
重庆	66.73	68.28	39.54	35.34	53.78
四川	83.13	67.33	19.21	49.83	54.09
河北	96.99	84.72	5.35	31.30	54.47
贵州	58.11	71.79	51.91	27.83	54.71
福建	82.29	72.98	26.24	46.64	56.81
湖南	66.27	66.34	44.14	51.60	57.07
辽宁	73.51	71.67	38.29	46.20	57.72
海南	80.68	82.89	39.81	36.28	61.36
浙江	76.89	75.81	43.86	55.39	62.80
吉林	88.49	84.32	30.83	52.20	63.23
上海	96.52	100.00	37.15	15.68	66.16

续表

省级行政区	撤诉案件绝对数（标准化）	撤诉率（标准化）	不予受案绝对数（标准化）	不予受案率（标准化）	行政纠纷化解指数得分
黑龙江	93.90	88.38	31.61	83.33	70.16
天津	87.92	84.20	50.77	100.00	76.40
北京	78.39	88.46	92.92	81.00	86.36
权重	0.36	0.16	0.36	0.13	1.00

排名越靠前，行政纠纷化解情况越理想。将全国各地区的4个三级指标得分汇总相加，得出作为行政纠纷化解指数的最终数值，排名情况即二级指标行政纠纷化解指数的排名情况，排名越靠前，则表征行政纠纷解决情况越好。根据表单，排名前五位的依次为宁夏、河南、广西、甘肃和山西，其中人口大省河南能位居榜单前列，非常不易。而其余四个省份也非经济发达地区，一定程度上进一步印证，经济发展水平和人口规模对行政纠纷的发生有正相关效应，若政府相应的纠纷化解机制和能力不能及时跟进，可能就会成为发展隐患。即使以经济要素为考量，各地同样存在差异，比如上海、天津、北京等地，与经济体量同级别的山东、江苏、广东、四川等地相比，有明显差距。因此，积极改进行政纠纷化解指数的要点仍然可以从政府方面的关注度和执行力、当地公众的主体意识和维权意识以及当地媒体的监督力度等着力，行政纠纷的化解需将内外因素联动。北京和上海作为全国中心城市，更应破解行政纠纷实质性化解的制度困境。

（二）行政纠纷持续指数

行政纠纷持续指数主要考察一起行政纠纷在诉讼中的持续程度，持续的时间越久，以表征原告对政府不满情绪和维权的强烈意愿，相对应的，行政机关存在的违法风险也较高，而且无论结果如何，这类诉讼都将消耗大量司法和行政资源。这项指数主要选取各地区行政诉讼的审级，行政复议与行政诉讼的衔接情况等来评估，下设二审案件绝对数、再审案件绝对数、复议后诉讼绝对数等3个三级指标。当一个地区相应的二审案件绝对数越大时，说明一审阶段的行政审判程序没有案结事了，导致该行政纠纷继续维持，行政纠纷持续指数也相应变高。再审案件作为审判监督程序，一旦启动，无论结果如何，一定程度上都表征行政机关存在问题。复议后诉讼案件则代表了行政系统内部纠错机制的实效性。因此再审案件和复议后诉讼案件的数据越大,也就说明行政纠纷持续指数较高。

表 3-2-6　　各省级行政区二审案件数得分

省级行政区	二审案件数	每百万人二审案件数(标准化)	每亿元 GDP 二审案件数(标准化)	二审案件绝对数(标准化)
青　海	170	0.01	36.16	7.24
内蒙古	615	7.77	21.15	10.44
新　疆	546	6.52	27.91	10.80
宁　夏	344	3.16	56.01	13.73
云　南	808	10.87	27.44	14.19
海　南	492	5.81	61.86	17.03
广　西	1 245	18.83	37.54	22.57
天　津	1 233	19.22	37.12	22.80
甘　肃	871	12.42	65.53	23.05
山　西	1 213	18.46	43.70	23.51
江　西	1 334	20.50	37.24	23.85
陕　西	1 361	21.14	34.68	23.85
吉　林	1 249	19.30	46.78	24.80
黑龙江	1 516	23.97	53.43	29.87
湖　北	2 264	37.23	35.62	36.91
福　建	2 266	37.63	39.35	37.98
河　北	2 372	38.91	38.96	38.92
安　徽	2 393	39.52	49.61	41.54
重　庆	2 383	39.92	68.88	45.72
贵　州	2 407	40.27	100.00	52.22
上　海	3 032	51.88	55.49	52.60
四　川	3 339	56.41	50.58	55.24
辽　宁	3 181	54.24	76.34	58.67
湖　南	3 762	64.39	62.26	63.96
北　京	3 597	62.23	72.11	64.21
山　东	4 273	73.14	32.80	65.07
浙　江	4 428	76.76	47.89	70.98
广　东	5 359	92.74	33.32	80.85
江　苏	5 488	95.66	35.67	83.66
河　南	5 741	100.00	72.37	94.47
权　重	—	0.80	0.20	1.00

二审案件绝对数越高，行政纠纷的持续程度越高。二审案件绝对数即各地区消解人口和GDP的影响后呈现的二审行政案件数，此类案件在经历一审程序后并没有得到有效化解，从而在跨过一审的门槛后会进入到二审当中。鉴于行政机关提出上诉的案件非常稀少，故二审案件的发生可以视为行政相对人对自身权益的孜孜追求，也可以视为行政双方纠纷的持续。表单显示广东、江苏、河南的二审案件绝对数占据前三。一个行政案件延续到二审，意味着原告需要耗费大量精力、物力来应对，期间机会成本、沉没成本必然是其考虑的重要因素，故这三个省份大量的案件涌入二审，也意味着行政纠纷的双方难以达成有效共识，甚至在司法机关裁判后仍然没有终止行政纠纷，会产生强烈的不安定性。反观广西和天津，在引入控制因素之后，三省份的绝对数迅速回落，赋分也便来到表单前列。另外，上海、浙江作为经济强省（市）、法治标杆，在表单中仅处于中下位水平，那么更需要有效的手段来积极促进纠纷即时化解。

表3-2-7　　各省级行政区再审案件数得分

省级行政区	再审案件数	每百万人再审案件数（标准化）	每亿元GDP再审案件数（标准化）	再审案件绝对数（标准化）
河　南	53	0.01	0.98	0.45
北　京	25	3.36	0.01	1.84
海　南	14	5.39	7.38	6.30
云　南	82	6.50	13.53	9.70
广　西	98	8.18	14.46	11.04
宁　夏	16	10.09	12.34	11.12
安　徽	197	14.62	21.03	17.54
山　东	460	22.78	17.88	20.55
河　北	289	18.53	24.99	21.47
内蒙古	118	23.16	21.16	22.25
江　西	181	18.94	26.80	22.52
湖　北	287	24.27	23.66	23.99
广　东	679	31.13	21.95	26.94
甘　肃	102	18.76	42.01	29.35
陕　西	228	30.37	31.29	30.79
江　苏	679	44.52	23.06	34.74

续表

省级行政区	再审案件数	每百万人再审案件数（标准化）	每亿元 GDP 再审案件数（标准化）	再审案件绝对数（标准化）
四　川	528	32.71	44.00	37.85
浙　江	511	47.77	29.51	39.45
辽　宁	323	38.53	42.42	40.30
青　海	42	36.44	49.66	42.47
贵　州	236	34.02	54.35	43.28
山　西	278	39.18	55.91	46.80
重　庆	297	51.29	47.32	49.48
新　疆	209	45.03	60.20	51.94
福　建	464	63.72	44.46	54.94
上　海	373	83.78	37.09	62.51
黑龙江	399	56.20	79.54	66.83
湖　南	814	63.73	75.99	69.31
天　津	285	100.00	47.57	76.11
吉　林	468	93.92	100.00	96.69
权　重	—	0.54	0.46	1.00

再审案件绝对数越高，行政纠纷持续的评价越低。《行政诉讼法》第 91 条规定了 8 种人民法院应当再审的情形，考虑到法院启动再审或多或少意味着行政机关的行政行为存在问题，即使法院并未启动再审，而只是裁定不予立案，也说明行政相对人对引起再审程序的渴望以及行政纠纷难以调和，当行政纠纷持续到再审之时，其案件数的多少本身便是评价法治政府建设的一个重要方面。而在数据处理过程中，某些地区的再审案件数太少，如西藏再审案件数仅有 4 件，鉴于其案件总数仅为 13 件，势必对赋分的科学性产生影响，再如北京的案件总数为 4 839 件，再审案件数仅为 25 件。但是考虑到引入再审案件违法率等衡量标准时，其基数之小难以反映客观情况，同时其案件数低于 30 件(海南、宁夏)，在统计学意义上并不明显，因此若干地区将不计入排名。再审案件绝对数排名前五位的省市依次是吉林、天津、湖南、黑龙江、上海，东北三省有其二，而天津在其中也非常醒目，其再审案件绝对数几乎是同为直辖市的重庆的 2 倍。表单内赋分较高的几个地区本身再审案件数较低，就可能对结论产生一定的局限性。

表 3-2-8　　各省级行政区复议后诉讼案件数得分

省级行政区	复议后诉讼案件数	每百万人复议后诉讼案件数(标准化)	每亿元 GDP 复议后诉讼案件数(标准化)	复议后诉讼案件绝对数(标准化)
云　南	206	0.01	0.01	0.01
内蒙古	241	6.81	4.72	6.27
新　疆	201	5.11	11.62	6.81
山　西	322	5.73	16.09	8.44
陕　西	401	8.02	11.30	8.88
宁　夏	69	7.58	14.71	9.44
河　北	729	7.03	17.46	9.75
湖　北	864	13.46	23.22	16.01
广　西	574	9.70	36.30	16.65
青　海	80	11.82	35.30	17.95
四　川	1 186	13.00	38.44	19.65
黑龙江	550	13.30	43.40	21.16
甘　肃	303	9.43	55.29	21.41
山　东	1 960	19.90	28.41	22.12
江　苏	1 842	24.26	17.50	22.50
安　徽	989	14.99	47.38	23.45
福　建	857	22.92	27.71	24.17
河　南	1 638	16.71	47.69	24.80
广　东	2 489	23.41	29.91	25.11
吉　林	540	20.27	46.45	27.11
辽　宁	863	20.11	47.89	27.37
海　南	177	19.28	53.41	28.20
重　庆	736	25.56	49.91	31.92
天　津	485	34.94	26.75	32.80
湖　南	1 509	23.03	62.97	33.46
江　西	956	21.33	69.42	33.89
浙　江	1 892	37.93	47.26	40.37
贵　州	857	25.56	100.00	45.00
上　海	1 294	64.04	58.49	62.59
北　京	1 762	100.00	99.22	99.80
权　重	—	0.74	0.26	1.00

复议后诉讼案件绝对数越多，行政纠纷持续情况越差。行政复议作为行政救济和行政监督的重要途径，本身承担着化解纠纷的责任，而复议后诉讼意

味着行政纠纷越过行政复议阶段持续到行政诉讼的环节，是行政纠纷持续无法回避的指标。复议后诉讼案件数显示北京和江苏在案件数上大致趋近，然而在进行绝对数的处理之后，两地迅速拉开差距。而广东尽管复议后诉讼案件数为所有省市最高，但是去除影响项后显示，绝对数变成所有地区最少的，这自然跟广东的经济发展水平和当地人口规模有关。有趣的是，京津冀地区中，河北的赋分是其中最高的；而同为经济互动频繁的江浙沪地区，上海的表现一般，反而是江苏远优于其他两地。

行政纠纷持续指数的分值越低，在行政纠纷及时化解一项上的评价越好。表 3-2-9 显示的是关于行政纠纷持续指数的 3 个三级指标相加所得到的总分，并根据总分得出最终排名。总分越低，行政纠纷持续指数越高，说明当地在法治政府建设的某些方面表现得不尽如人意，因此才会造成行政纠纷的持续性强。当然，影响行政纠纷持续的因素还有很多，笔者仅根据行政案件反映出来的状况进行指标的设定，并不能穷尽所有类型和因素，但是二审、再审和复议后诉讼 3 个指标已经可以从 3 个维度测量各省级行政区行政诉讼持续的阶段，行政纠纷持续的时间。单单从这份表单来看，除却没有进行排名的北京、海南、宁夏、西藏，直辖市均表现得不尽如人意，重庆、天津和上海均处于表单末流，其中上海甚至位于倒数第一。单纯认为这些地区的行政案件多、工作压力大、疑难案件多，恐怕并没有说服力。因此，需要总结经验，直面得失，切实提高行政复议乃至一审在行政纠纷处理中的程序性作用，激活制度优势，减少行政纠纷持续的时间，促进行政纠纷及时解决。

表 3-2-9　　各省级行政区行政纠纷持续指数

省级行政区	二审案件绝对数（标准化）	再审案件绝对数（标准化）	复议后诉讼案件绝对数（标准化）	行政纠纷持续指数
云　南	14.19	9.70	0.01	7.41
宁　夏	13.73	11.12	9.44	11.23
内蒙古	10.44	22.25	6.27	13.10
广　西	22.57	11.04	16.65	16.31
海　南	17.03	6.30	28.20	17.31
陕　西	23.85	30.79	8.88	20.83
河　北	38.92	21.47	9.75	22.05
青　海	7.24	42.47	17.95	23.66

续表

省级行政区	二审案件绝对数（标准化）	再审案件绝对数（标准化）	复议后诉讼案件绝对数（标准化）	行政纠纷持续指数
新　疆	10.80	51.94	6.81	23.93
甘　肃	23.05	29.35	21.41	24.68
湖　北	36.91	23.99	16.01	24.68
山　西	23.51	46.80	8.44	26.26
安　徽	41.54	17.54	23.45	26.40
江　西	23.85	22.52	33.89	27.05
山　东	65.07	20.55	22.12	33.55
河　南	94.47	0.45	24.80	35.61
四　川	55.24	37.85	19.65	36.04
福　建	37.98	54.94	24.17	38.94
黑龙江	29.87	66.83	21.16	39.79
辽　宁	58.67	40.30	27.37	40.69
广　东	80.85	26.94	25.11	41.32
重　庆	45.72	49.48	31.92	42.00
江　苏	83.66	34.74	22.50	43.92
天　津	22.80	76.11	32.80	45.37
贵　州	52.22	43.28	45.00	46.41
浙　江	70.98	39.45	40.37	48.59
吉　林	24.80	96.69	27.11	51.15
湖　南	63.96	69.31	33.46	54.69
北　京	64.21	1.84	99.80	55.11
上　海	52.60	62.51	62.59	59.77
权　重	0.28	0.35	0.37	1.00

（三）行政纠纷疑难指数

行政纠纷疑难指数旨在评估行政纠纷的疑难和重要难度。该二级指标下设中院一审案件绝对数和高院案件绝对数 2 个三级指标。根据《行政诉讼法》第 15 条、16 条关于中院、高院管辖范围的规定可知，中院、高院一审管辖的一般是本辖区内重大、复杂的案件，其中中院受理的对国务院部门或者县级以上地方人民政府所作的行政行为提起诉讼的案件，由于行政级别较高，笔者也将其列为疑难案件，而在统计数据显示，海关处理的案件和其他法律规定由中级人民法院管辖的案件频数非常小,不会对结果产生统计学上的影响,故笔者仅将其当作误差进行考量。综上,从中院一审案件绝对数中可以看出本地区行政诉讼案件的疑难程度。另外,因为高院一审案件数较少,能够进入高院审理的二审、再审案件,一般也属于疑难复杂案件,故另一个三级指标为高院案件绝对数。当案件越多时,说明行政纠纷越为疑难,因此相对的赋分也便越低。

表 3-2-10　　各省级行政区中院一审判决案件数得分

省级行政区	中院一审判决数	每百万中院一审判决案件绝对数(标准化)	每亿元 GDP 中院一审判决案件绝对数(标准化)	中院一审判决案件绝对数(标准化)
河　北	118	0.01	0.01	0.01
云　南	88	1.48	5.17	3.45
广　东	385	10.76	3.16	6.70
黑龙江	96	6.61	8.95	7.86
四　川	171	9.18	10.95	10.13
新　疆	113	12.55	14.94	13.82
内蒙古	136	16.81	11.30	13.87
江　苏	362	23.07	6.21	14.07
山　东	676	20.42	11.42	15.62
广　西	177	12.25	18.67	15.68
天　津	62	35.28	10.05	21.81
湖　北	304	24.83	19.49	21.98
辽　宁	242	24.14	22.26	23.14
安　徽	367	21.65	26.72	24.36
青　海	46	22.55	27.23	25.04
吉　林	189	26.71	23.91	25.22
陕　西	244	27.46	23.40	25.29
福　建	324	35.52	18.66	26.52
江　西	530	32.20	39.44	36.07
山　西	353	33.55	42.66	38.41
上　海	587	61.93	19.96	39.53
重　庆	373	50.00	39.02	44.14
浙　江	794	70.50	35.95	52.06
湖　南	646	53.55	56.11	54.92
河　南	1 311	55.10	61.77	58.66
甘　肃	204	40.04	79.20	60.94

续表

省级行政区	中院一审判决数	每百万中院一审判决案件绝对数（标准化）	每亿元 GDP 中院一审判决案件绝对数（标准化）	中院一审判决案件绝对数（标准化）
北　京	350	100.00	34.91	65.26
海　南	196	82.15	88.90	85.75
贵　州	679	70.83	100.00	86.40
宁　夏	88	90.34	92.96	91.74
权　重	—	0.47	0.53	1.00

中院一审判决案件绝对数越高，行政纠纷的疑难指数越高。中院一审案件绝对数即为中级人民法院审理的一审案件数量，但是其本身又不同于中院一审案件数，而是在中院一审案件数的基础上进行矫正，避免当地的人口和GDP对结果产生较大的影响，以此来较为公允地评价人口大省河南，经济强省广东等。根据本表单，河北位居榜首，而云南、广东等地在标准化后也均取得不错评分，但是四大直辖市并没有表现出法治政府建设的优势。此外，如若以 30 件/百万人・万亿元作为界限来进行划分，则案件数较多的省市均集中在中西部，其中宁夏、贵州、海南尤是，表明在这些地区的中院面对的疑难案件要远远多于其他地方，因此两者亟须繁简分流等工作机制进行引导分流。

表 3-2-11　　　　各省级行政区高院判决案件数得分

省级行政区	高院判决数	每百万人高院判决案件绝对数（标准化）	每亿元 GDP 高院判决案件绝对数（标准化）	高院判决案件绝对数（标准化）
河　北	142	1.18	0.85	1.01
云　南	92	0.01	5.59	2.87
内蒙古	62	7.33	0.01	3.57
广　东	378	15.89	1.45	8.47
江　西	134	8.13	9.89	9.03
陕　西	95	11.97	6.30	9.06
湖　北	200	14.08	6.81	10.35
山　东	552	16.90	4.33	10.44
广　西	400	9.47	15.77	12.71
山　西	157	14.33	18.30	16.37

续表

省级行政区	高院判决数	每百万人高院判决案件绝对数(标准化)	每亿元 GDP 高院判决案件绝对数(标准化)	高院判决案件绝对数(标准化)
四　川	215	16.49	18.57	17.56
辽　宁	120	20.31	15.85	18.02
福　建	143	28.20	8.54	18.10
江　苏	396	34.18	5.01	19.20
青　海	15	18.76	21.76	20.30
安　徽	276	19.83	23.67	21.80
宁　夏	25	23.31	20.99	22.12
新　疆	69	21.95	24.82	23.42
浙　江	360	44.38	14.72	29.15
天　津	83	51.28	9.83	29.99
河　南	890	30.83	32.51	31.69
吉　林	129	41.34	34.32	37.73
湖　南	477	42.70	41.74	42.21
重　庆	225	50.75	34.97	42.65
黑龙江	168	40.91	50.37	45.77
北　京	377	81.68	19.55	49.78
甘　肃	144	32.64	68.77	51.19
上　海	562	100.00	27.59	62.82
海　南	163	74.46	76.69	75.60
贵　州	564	72.27	100.00	86.51
权　重	—	0.49	0.51	1.00

高院判决案件绝对数越大,行政纠纷疑难指数的评价越低。在行政审判中,高院作为地方最高级别的法院,本身承担着审判对中级人民法院一审判决的上诉以及再审,意味着可以进入高院的行政案件本身就自带“疑难”光环,考验法院的经验与能力。对比中院一审案件绝对数的表单,发现本表单评价最低的 3 个地区是贵州、海南、上海,三地的高院案件绝对数都远远高于其他省份,贵州更是遥遥领先其他地区。与之相反的,河北的案件绝对数仅为 1.01,为所有地区最低,这似乎说明河北法院可以很好地消解疑难案件。

赋分越高,行政纠纷疑难指数就越高。表 3－2－12 是根据行政纠纷疑难指数下设的 3 个三级指标所得的总体情况。据此,排名越靠前,表示行政纠纷疑难指数越低,从而体现的法治政府水平越高。本表单中四大直辖市的排名并不靠前，一方面这与直辖市的法院设置有关，另一方面也反映随着经济社会发展，直辖市在行政纠纷领域时时面临新疑难、新挑战。此外各地区差异也表现巨大，以东部沿海的经济强省为例，广东遥遥领先，排在表单第3位，江苏则排在第9位，浙江与前两者相距甚远。故各地区需要政府机关根据自身情况，进一步加强对工作人员的业务培训，注重依法全面履职的能力提升，切实增强应对行政纠纷疑难问题的处理能力。

表3-2-12　　各省级行政区行政纠纷疑难指数

省级行政区	中院一审判决案件绝对数(标准化)	高院判决案件绝对数(标准化)	行政纠纷疑难指数
河　北	0.01	1.01	0.51
云　南	3.45	2.87	3.16
广　东	6.70	8.47	7.59
内蒙古	13.87	3.57	8.69
山　东	15.62	10.44	13.01
四　川	10.13	17.56	13.87
广　西	15.68	12.71	14.18
湖　北	21.98	10.35	16.13
江　苏	14.07	19.20	16.65
陕　西	25.29	9.06	17.12
新　疆	13.82	23.42	18.66
辽　宁	23.14	18.02	20.56
福　建	26.52	18.10	22.28
江　西	36.07	9.03	22.46
青　海	25.04	20.30	22.66
安　徽	24.36	21.80	23.07
天　津	21.81	29.99	25.93
黑龙江	7.86	45.77	26.94
山　西	38.41	16.37	27.32
吉　林	25.22	37.73	31.52
浙　江	52.06	29.15	40.53
重　庆	44.14	42.65	43.39
河　南	58.66	31.69	45.09
湖　南	54.92	42.21	48.52
上　海	39.53	62.82	51.25
甘　肃	60.94	51.19	56.04

续表

省级行政区	中院一审判决案件绝对数(标准化)	高院判决案件绝对数(标准化)	行政纠纷疑难指数
宁　夏	91.74	22.12	56.70
北　京	65.26	49.78	57.47
海　南	85.75	75.60	80.64
贵　州	86.40	86.51	86.46
权　重	0.50	0.50	1.00

(四) 行政缠诉指数

行政缠诉指数是指同一主体在本年度提起 3 起及以上的行政诉讼。指数越高,就说明地方政府的行政活动存在越多问题,引发公众维权的偏执,甚至非理性。下设 3 个三级指标,分别为多诉案件绝对数、多诉案件不予受案率和多诉案件违法率。首先,多诉案件数据越大,说明该地区行政缠诉现象越为严重,那么指数就越高。用行政缠诉指数评价政府法治建设情况,即行政缠诉现象的出现客观上意味着行政机关的不当作为引发了相关纠纷或者未能有效解决行政纠纷。因此该指数越高,地方的行政活动就越存在违法性风险。此外,多诉案件不予受案率和案件违法数是用来矫正前项数据的。多诉案件被法院不予受案,说明这些行政纠纷并非属于严格意义上的法律纠纷,不存在相关诉讼权益或者本就不应予以支持,多诉案件不予受案率越高,赋分越低,反而能对地方政府法治水平有正向意义。最后,多诉案件违法率越低,则说明这些缠诉案件并非是行政机关工作违法所致,更多地是由于相对人非理性的维权心态。因此对应的,此时行政缠诉指数就越低。

多诉主体案件的绝对数越小,指数越低,缠诉的情况越好。表 3 - 2 - 13 中,因青海、西藏本身多诉主体案件总数太少,不符合统计规则,不列入统计。在进行熵值赋权和标准化后,各省级行政区多诉案件的形势更加明朗。案件总数中,广东以 1 764 件排名第一,但是在进行数据矫正后,其标准化后得分回落至表单中位,表明在控制人口和经济发展水平等变量后,广东地区实际的缠诉情况还比较乐观。与广东地区的案件总数相近的北京,在数据矫正后,多诉案件标准化后得分为 100 分,位于全国第一。而经常与之对比的上海,在经过数据的矫正后,也仍未摆脱此前的尴尬境地,标准化后得分为 77.45 分,仅次于北京,远远高于其他省市,甚至得分是天津的 2 倍之多。其他两个直辖市的情况也不容乐观，天津、重庆的多诉主体案件绝对数标准化后也纷纷挤入榜单后五位。反观之，内蒙古、新疆、云南、广西和黑龙江占据榜单前五位，其中内蒙古的标准化后得分仅有 0.36 分，表明内蒙古的多诉主体案件发生情况控制较好。纵观整张表单，可以发现东部地区多位于表单中下游，而中西部地区多位于表单中上游，这可能表明人口越多，经济发展水平越好，多诉主体的群体越大，行政诉讼的缠诉可能性越高。

表 3－2－13　　各省级行政区多诉案件绝对数得分

省级行政区	多诉主体案件数	每百万人多诉主体案件数（标准化）	每亿元 GDP 多诉主体案件数（标准化）	多诉案件绝对数（标准化）
内蒙古	43	0.50	0.00	0.36
新　疆	70	2.11	6.93	3.48
云　南	140	2.19	10.82	4.63
广　西	217	4.30	16.66	7.80
黑龙江	212	5.90	19.63	9.79
湖　北	400	7.54	15.84	9.89
河　北	456	6.55	19.77	10.29
陕　西	315	9.53	21.57	12.94
甘　肃	147	5.90	31.37	13.11
吉　林	235	10.13	24.04	14.07
辽　宁	383	10.29	25.21	14.52
安　徽	533	9.95	31.41	16.03
湖　南	668	11.64	31.37	17.22
宁　夏	70	12.37	32.52	18.07
山　东	1 221	15.05	26.04	18.16
山　西	377	12.26	39.79	20.05
海　南	102	13.41	37.18	20.14
四　川	914	13.40	40.60	21.10
江　西	534	14.15	44.24	22.67
广　东	1 764	20.03	31.30	23.22
江　苏	1 469	23.50	26.59	24.37
福　建	662	21.60	32.96	24.82
河　南	1 458	19.28	55.35	29.49
浙　江	1 292	29.79	41.04	32.98
重　庆	607	25.50	52.63	33.18

续表

省级行政区	多诉主体案件数	每百万人多诉主体案件数（标准化）	每亿元 GDP 多诉主体案件数（标准化）	多诉案件绝对数（标准化）
贵　州	571	20.24	72.74	35.11
天　津	450	38.19	39.76	38.63
上　海	1 380	77.22	78.05	77.45
北　京	1 596	100.00	100.00	100.00
权　重	—	0.72	0.28	1.00

多诉案件不予受案率越高，缠诉群体提出诉求的正当性越低，缠诉指数就越低。表 3－2－14 是根据多诉案件不予受案率标准化后的高低进行排序的表单，为了读者阅读方便，也为了使行政缠诉指数的总排名更加直观，本表将标准化后的得分调转方向，使得得分越低，情况越好。榜首的多诉案件不予受案率最高，说明其面对的行政纠纷中有许多不是法律纠纷，不属于法院的受案范围，此时体现出来的行政缠诉指数较低，那么法治政府水平反而越高。与表 3－2－13 相同，青海、西藏由于多诉主体案件总数样本太少，故在本表单仍不计入排名。有所不同的是，在表 3－2－13 中广西位于表单前部，在本表中却处于最后一位，表明虽然广西总体而言多诉案件数较少，但是其中很大一部分被纳入司法救济中，这也表明可能政府的行政工作存在一定问题。反观天津、北京的多诉主体案件数标准化后的得分均不容乐观，而在本表中天津、北京的多诉案件不予受案率标准化后的得分位于前两位，情况最好，而上海位于表单末位，表明上海地区的大量缠诉案件都在法律上成立，可见审判压力之大，有必要重视这方面的应对之策。另一直辖市重庆的表现则较表3－2－13 有所进步，来到表单中游，表明尽管该地区的多诉案件绝对数多，但很可能其中很多案件并不是政府的乱作为、不作为所导致，而是行政相对人不正当的诉讼行为推高了案件总数，故表现在不予受案率方面，情况有所好转。排名后五位的分别是广西、上海、宁夏、山东和河南，其中河南在案件绝对数和不予受案率均表现不佳，当地政府应当引起足够的重视，采取措施降低行政缠诉指数，使有限的司法资源能发挥其更大效用。相比之下，位居前列的依次是天津、北京、山西、黑龙江和河北，其中黑龙江在本表以及表 3－2－13 当中均处于前五位，证明黑龙江地区的公众在理性维权方面有较好的表现。

表 3-2-14　　各省级行政区多诉案件不予受案率得分

省级行政区	多诉案件不予受案数	多诉案件不予受案率(标准化)
天　津	328	0.00
北　京	1 142	3.06
山　西	240	21.04
黑龙江	126	30.69
河　北	267	32.69
内蒙古	25	33.63
辽　宁	218	36.41
福　建	370	38.76
新　疆	39	39.17
海　南	56	41.02
湖　北	207	48.20
陕　西	162	48.93
江　苏	747	50.25
湖　南	339	50.48
云　南	71	50.57
重　庆	307	50.87
甘　肃	74	51.41
吉　林	116	53.65
广　东	857	55.43
浙　江	626	55.72
贵　州	276	55.97
江　西	258	56.04
四　川	431	58.66
安　徽	245	61.38
河　南	644	65.48
山　东	456	81.03
宁　夏	24	88.01
上　海	456	90.86
广　西	63	100.00

多诉案件的违法绝对数和违法率越高,能体现当地政府的行政活动确有瑕疵,因此相应缠诉指数也偏高。表 3-2-15 将各省级行政区多诉主体案件的违法数和违法率按照统计规则进行标准化后,呈现各省市多诉主体案件的违法情况,得分越低,排名越靠前,违法情况越少。在多诉主体案件违法数的表单中,排名前五位的依次为重庆、浙江、云南、天津和新疆,其中

前四位标准化后得分均不到10分,表现优异。其中,天津、云南在两个表中取得体绩,天津在多诉主体案件违法率一栏中也以0.30的优异成绩获得排名第2的成绩,证明在多诉案件中,天津各级政府也秉持秉公执法的原则,较少存在因违法的行政行为而引起行政相对人不断提起诉讼的情况,可喜可贺。云南情况与之类似,也都取得表单第3名的成绩。而福建、安徽、北京、海南和甘肃则以超过40的得分位于表单排名后五位。这里值得注意的是北京和甘肃,一喜一忧。北京的多诉案件违法数尽管多,但是鉴于其案件总数规模大,所以当计算违法率时,其违法数被稀释,故在违法率的表单中其一跃来到表单首位,以0.01的分数远远领先。甘肃则在违法率的表单中仍处于表单末尾,以63.29的分数位于倒数第二位,这似乎证明甘肃各级政府在行使行政职权的过程中,至少存在一定的瑕疵,导致行政相对人不惜提起多起诉讼来督促行政机关,以期维护自身合法权益。

表3-2-15　　各省级行政区多诉案件违法数、违法率得分

省级行政区	多诉主体违法案件数	多诉案件违法绝对数(标准化)	省级行政区	多诉案件违法率	多诉案件违法率(标准化)
重　庆	110	0.01	北　京	5.20%	0.01
浙　江	294	1.55	天　津	5.33%	0.30
云　南	10	5.06	云　南	7.14%	4.47
天　津	24	6.38	河　北	8.55%	7.72
新　疆	15	10.83	内蒙古	9.30%	9.45
四　川	220	11.57	吉　林	13.19%	18.42
上　海	273	14.06	江　苏	15.25%	23.17
山　西	70	14.15	福　建	17.22%	27.72
宁　夏	34	17.21	湖　南	17.66%	28.73
江　西	135	17.97	重　庆	18.12%	29.79
内蒙古	4	19.57	辽　宁	18.28%	30.16
陕　西	88	21.92	山　西	18.57%	30.83
吉　林	31	22.74	上　海	19.78%	33.62
湖　北	84	24.12	黑龙江	20.75%	35.85
江　苏	224	24.44	湖　北	21.00%	36.43
辽　宁	70	25.91	安　徽	21.39%	37.33
河　南	344	28.11	新　疆	21.43%	37.42

续表

省级行政区	多诉主体违法案件数	多诉案件违法绝对数（标准化）	省级行政区	多诉案件违法率	多诉案件违法率（标准化）
山　东	345	28.48	海　南	21.57%	37.74
广　西	66	30.69	广　东	22.17%	39.13
湖　南	118	31.83	浙　江	22.76%	40.49
黑龙江	44	32.96	河　南	23.59%	42.40
贵　州	166	33.17	四　川	24.07%	43.51
河　北	39	36.89	江　西	25.28%	46.30
广　东	391	37.41	陕　西	27.94%	52.43
甘　肃	48	44.37	山　东	28.26%	53.17
海　南	22	45.24	贵　州	29.07%	55.04
北　京	83	59.17	广　西	30.41%	58.13
安　徽	114	65.93	甘　肃	32.65%	63.29
福　建	114	88.02	宁　夏	48.57%	100.00

行政缠诉指数越高，说明地方政府的行政缠诉风险越高。表 3－2－16 将行政缠诉指数下设的 3 个指标进行加权加总后，总分越低，行政缠诉指数越低，表征当地法治政府建设在这方面的情况较好。当然，提起多起行政诉讼的影响因素很多，但是笔者认为经过 3 个指标的矫正，多诉主体的诉讼情况大抵可以说明一些行政缠诉的客观情况。表单显示排名后五位的分别是北京、福建、贵州、上海和甘肃，其中北京由于受到多诉主体案件数的影响，在将青海、西藏两个不具有统计意义的省级行政区剔除后，最终位于倒数第 1。当然，本排名并不能完全说明北京法治政府建设的水平，作为一个系统工程，行政缠诉指数只是构成的指标之一，同时缠诉问题的严重也表明北京作为首都，在公众的维权活动中可能承载更高的期待，在接下来的工作中，应当着重解决多诉主体的缠诉问题以及与之相关的滥诉问题，上海作为经济中心亦然。位于表单前五位的地区分别是云南、内蒙古、新疆、吉林和广西，可以发现这五个省级行政区的经济发展水平并不突出，取得这样的评分可能是当地政法环境、经济水平、维权意识的综合结果。但是当地政府的全面依法履职究竟是积极效应还是消极效应，仅仅凭此也难以论断。至少，排名靠后的地区政府应当端正态度，积极推动行政争议的实质性化解。

表 3 - 2 - 16　　各省级行政区行政缠诉指数

省级行政区	多诉主体案件绝对数（标准化）	多诉主体违法绝对数（标准化）	多诉案件违法率（标准化）	多诉案件不予受案率（标准化）	行政缠诉指数
云　南	4.63	5.06	4.47	49.43	10.97
内蒙古	0.36	19.57	9.45	66.37	17.06
新　疆	3.48	10.83	37.42	60.83	21.37
吉　林	14.07	22.74	18.42	46.35	22.01
广　西	7.80	30.69	58.13	0.01	24.73
河　北	10.29	36.89	7.72	67.31	25.12
重　庆	33.18	0.01	29.79	49.13	25.33
湖　北	9.89	24.12	36.43	51.80	25.85
四　川	21.10	11.57	43.51	41.34	26.42
浙　江	32.98	1.55	40.49	44.28	27.48
江　苏	24.37	24.44	23.17	49.75	27.66
辽　宁	14.52	25.91	30.16	63.59	28.17
湖　南	17.22	31.83	28.73	49.52	28.48
山　西	20.05	14.15	30.83	78.96	29.11
山　东	18.16	28.48	53.17	18.97	29.24
天　津	38.63	6.38	0.30	100.00	29.33
江　西	22.67	17.97	46.30	43.96	29.78
陕　西	12.94	21.92	52.43	51.07	29.89
黑龙江	9.79	32.96	35.85	69.31	30.61
河　南	29.49	28.11	42.40	34.52	32.78
广　东	23.22	37.41	39.13	44.57	33.85
宁　夏	18.07	17.21	100.00	11.99	35.87
海　南	20.14	45.24	37.74	58.98	36.66
安　徽	16.03	65.93	37.33	38.62	38.09
甘　肃	13.11	44.37	63.29	48.59	38.40
上　海	77.45	14.06	33.62	9.14	40.03
贵　州	35.11	33.17	55.04	44.03	40.40
福　建	24.82	88.02	27.72	61.24	48.29
北　京	100.00	59.17	0.01	96.94	65.08
权　重	0.35	0.28	0.23	0.14	1.00

(五) 行政公开指数

法治政府也是透明政府，与全面推进政务公开的举措密切相关。而且，公民有获取政府信息的权利和需求，政府应当坚持以公开为常态、不公开为例外原则，推进决策公开、执行公开、管理公开、服务公开、结果公开。不断完善行政公开制度包括诸多面向，如拓宽主动公开渠道，进一步明确信息公开范围和内容，重点推进财政预算、公共资源配置、重大建设项目批准和实施、社会公益事业建设等领域的政府信息公开等。最终，政府信息公开的纠纷水平正是检验各项行政公开工作效果的晴雨表。政府信息公开指数旨在评估公民在地方政府信息公开时的难易程度。当申请政府信息公开的案件数和违法数越少，则表示当地政府在信息公开的行政工作方面表现得越佳，那么政府信息公开指数就会越高，从这个侧面一定程度上说明了政府法治建设卓有成效。行政公开指数下设信息公开案件绝对数、信息公开违法案件数、信息公开违法率等3个三级指标。其中，信息公开案件绝对数较大时，说明该地区信息公开案件多发频发，可以通过相关性剥离已经不可归咎于人口数以及GDP，从而进一步表明地方政府在信息公开工作上存在争议，因此政府公开情况自然越差。此外，信息公开案件的违法数和违法率越高，说明政府信息公开案件经过法院审理，判定了行政机关属实违法，此时当地行政公开情况就越差。

政府信息公开案件的绝对数越高，行政公开指数越低。表3-2-17根据信息公开案件绝对数的得分进行排名。该表当中，新疆、云南、广西、内蒙古、宁夏、青海、海南都与西藏一样，案件数都不足30件，偶然性因素影响过大，因而不进行评价。上海和河南是仅有的信息公开案件总数超过1 000件的地区，在进行熵值加权和标准化处理后，上海以3个100分的成绩，毫不意外地位于倒数第一。为何上海的政府信息公开纠纷如此之多，当地政府的公开作为为何无法满足公众需求，显然应当予以反思。河南在数据矫正之后，排名有所回升，居于上海、北京和天津之上。也可以看出，四大直辖市的得分均不容乐观，此外经济强省如江苏、浙江政府信息公开案件绝对数也处于表单下游，经常与之对比的广东则表现更好。过去一直被诟病的东北三省在本表单中也有不俗表现，吉林位于表单第五位，而同属东北三省的黑龙江则位于榜首，即使是表现相对较差的辽宁，其排名也在山东、浙江等经济强省之前。

表3-2-17　　各省级行政区政府信息公开案件绝对数得分

省级行政区	政府信息公开案件数	每百万人政府信息公开案件（标准化）	每亿元政府信息公开案件（标准化）	政府信息公开案件绝对数（标准化）
黑龙江	73	2.71	8.29	3.98
山　西	74	2.85	8.74	4.19

续表

省级行政区	政府信息公开案件数	每百万人政府信息公开案件(标准化)	每亿元政府信息公开案件(标准化)	政府信息公开案件绝对数(标准化)
江　西	100	3.18	9.34	4.58
甘　肃	48	2.51	13.01	4.90
吉　林	74	4.28	9.22	5.40
广　东	390	5.79	7.67	6.22
河　北	239	5.18	14.52	7.30
安　徽	202	5.28	15.67	7.64
陕　西	155	6.88	14.65	8.65
湖　北	257	7.49	15.07	9.22
辽　宁	184	7.21	16.65	9.36
贵　州	152	7.28	25.25	11.37
山　东	618	11.09	18.31	12.73
福　建	256	11.81	16.89	12.97
四　川	450	9.60	27.66	13.70
湖　南	407	10.61	27.24	14.39
浙　江	602	19.89	26.28	21.34
江　苏	982	23.02	25.79	23.65
重　庆	352	21.48	42.87	26.34
河　南	1 094	21.47	59.31	30.08
天　津	331	40.82	42.16	41.12
北　京	808	72.28	70.26	71.82
上　海	1 240	100.00	100.00	100.00
权　重	—	0.77	0.23	1.00

政府信息公开案件的违法数和违法率越高,行政公开指数情况越糟糕。表3-2-18集中展现了各省级行政区政府信息公开案件违法数和信息公开案件违法率的总体情况。诚然,政府信息公开案件的多寡可以体现某一地区公开工作的成效,但是还需要透过纠纷的表象来探寻问题所在,毕竟有大量的政府信息公开案件有滥诉之嫌,已经异化为另一种"信访"的手段,甚至为了实现不合法、不合理的目的,因此需要加入政府信息公开违法数和违法率的情况加以矫正。在政府信息公开违法数一栏中,江苏、四川、浙江、河南和山东位于表单后五位,其中江苏和四川的得分远远高于其他省级行政区。令人意外的是,四川在政府信息公开违法率的表单中进一步下滑,直接以100的得分处于倒

数第一，这表明四川各级政府在政府信息公开工作中确实需要转变观念，提高信息供给水平。而广东、河北等省级行政区在此项工作中表现优异，其中广东和河北位于信息公开案件违法数表单中的前两位，计算违法率后，两省排名依旧靠前，分别取得第二位和第三位的成绩。这表明广东、河北等地的政府信息公开工作机制健全，履职到位。大家比较关心的北京、上海尽管在政府信息公开案件违法数表单中排名并不靠前，但是在违法率排名中却大为改观，北京位于第四位，而上海则在标准化后更是成为榜首。这表明北京、上海等地虽然政府信息公开的纠纷不少，但是基本都能规范完成各项工作。

表 3-2-18　各省级行政区政府信息公开案件违法数、违法率得分

省级行政区	信息公开案件违法数	信息公开案件违法绝对数（标准化）	省级行政区	信息公开案件违法率	信息公开案件违法率（标准化）
广东	4	0.00	上海	0.97%	0.00
甘肃	9	3.70	广东	1.03%	0.29
河北	9	3.70	河北	3.77%	13.60
黑龙江	10	4.44	北京	4.21%	15.74
江西	10	4.44	辽宁	5.43%	21.66
辽宁	10	4.44	河南	5.58%	22.39
吉林	11	5.19	福建	7.03%	29.43
上海	12	5.93	天津	7.55%	31.96
山西	13	6.67	贵州	9.21%	40.02
贵州	14	7.41	山东	9.55%	41.67
福建	18	10.37	重庆	9.94%	43.56
天津	25	15.56	江西	10.00%	43.86
安徽	27	17.04	浙江	10.47%	46.14
湖北	29	18.52	湖南	10.81%	47.79
陕西	31	20.00	湖北	11.28%	50.07
北京	34	22.22	安徽	13.37%	60.22
重庆	35	22.96	黑龙江	13.70%	61.83
湖南	44	29.63	江苏	14.15%	64.01
山东	59	40.74	吉林	14.86%	67.46
河南	61	42.22	山西	17.57%	80.62
浙江	63	43.70	甘肃	18.75%	86.35
四川	97	68.89	陕西	20.00%	92.42
江苏	139	100.00	四川	21.56%	100.00

行政公开的情况越好,行政公开指数的分值越低。表3-2-19依照政府信息公开指数中的3个三级指标进行加权处理,最终得出各省级行政区的排名。为与其他表单保持一致,云南、广西、西藏、宁夏、青海、海南、新疆、内蒙古等案件数不符合标准的地区不纳入排名,本表采取由好到坏的排名形式。总分越低,排名越靠前,政府信息公开情况越好。从表中可以看出,上海、北京、天津、重庆等4个直辖市分散在榜单下游附近。由前文可知,4个直辖市的信息公开案件违法率都非常低,最终所表征的政府信息公开指数排名却不高,这是因为该二级指标受到另一个三级指标即信息公开案件绝对数的较大影响。具体到实际生活当中,可能发达地区的公民对政府信息公开的需求越来越大,但这些诉求未必都是合法合理的诉求。而欠发达地区相对而言,政府信息公开申请的数量确实比较少。这份榜单的意义在于体现出发达地区的公民越来越重视政府信息公开,充分利用和珍惜获取政府信息的权利,也对相关政府的信息公开服务提出了更高要求。江苏、四川的排名则更不乐观,分别位于表单的倒数第一和倒数第2。此外,广东作为全国人口大省和经济强省,最终排在全国首位,相对其他地区,政府信息公开工作确实成效显著。在京津冀地区中,河北的得分高于北京、天津,排在全国第2位。东北三省中,辽宁、黑龙江、吉林均处于榜单中上游位置,辽宁第3名,黑龙江第5名,吉林第8名。

表3-2-19　　各省级行政区政府信息公开指数

省级行政区	信息公开案件绝对数(标准化)	信息公开案件违法绝对数(标准化)	信息公开案件违法率(标准化)	政府信息公开指数(标准化)
广　东	6.22	0.00	0.29	2.77
河　北	7.30	3.70	13.60	6.77
辽　宁	9.36	4.44	21.66	9.19
江　西	4.58	4.44	43.86	10.44
黑龙江	3.98	4.44	61.83	12.88
贵　州	11.37	7.41	40.02	14.05
福　建	12.97	10.37	29.43	14.38
吉　林	5.40	5.19	67.46	14.66
甘　肃	4.90	3.70	86.35	16.68
山　西	4.19	6.67	80.62	16.72
湖　北	9.22	18.52	50.07	19.20

续表

省级行政区	信息公开案件绝对数（标准化）	信息公开案件违法绝对数（标准化）	信息公开案件违法率（标准化）	政府信息公开指数（标准化）
安　徽	7.64	17.04	60.22	19.43
湖　南	14.39	29.63	47.79	25.70
陕　西	8.65	20.00	92.42	25.94
重　庆	26.34	22.96	43.56	27.55
山　东	12.73	40.74	41.67	28.62
天　津	41.12	15.56	31.96	29.22
河　南	30.08	42.22	22.39	33.92
浙　江	21.34	43.70	46.14	34.28
北　京	71.82	22.22	15.74	42.95
上　海	100.00	5.93	0.00	46.21
四　川	13.70	68.89	100.00	49.42
江　苏	23.65	100.00	64.01	61.16
权　重	0.44	0.41	0.15	1.00

（六）行政勤勉指数

依法全面履行政府职能是建设法治政府的基础，也是人民群众的殷殷期盼。在实际工作中，有些政府机关仅从形式上改变工作作风，并未实质上履行职责，服务人民。而人民群众所诟病的“门难进，脸难看，事难办”也转变为“门好进，脸好看，事不办”，行政不作为成为全面推进法治政府建设的痛点和堵点，故笔者希望通过行政不作为案件来观测各省级行政区的行政勤勉情况，评估政府依法作为的积极程度。由于积极程度从正面很难评价，因此行政勤勉指数下设不作为案件绝对数、不作为案件绝对违法数和不作为违法率 3 个三级指标，从反面来测评政府的行政工作是否勤勉。其中，当一个地区不作为案件绝对数越多时，代表该地区公众对当地政府的作为情况异议越大，此时该地区行政勤勉指数较低，所表征的法治政府建设情况也就较差。但是仅依靠人均不作为案件数并不能全面地反映行政不作为的情况，毕竟行政相对人的主观感受无法代替行政不作为的客观判断，故笔者通过不作为违法数和违法率进行矫正。行政行为未被判决违法时，则代表该相关纠纷的问题不在于行政机关，并不存在行政不作为的情况。因此，行政不作为的违法数和违法率越低,此时行政勤勉指数就越高,自然赋分也越高。

不作为案件的绝对数越高,行政勤勉的情况越糟糕。表 3-2-20 根据各地区不作为案件绝对数标准化后得分的高低进行排名。[①] 当不作为案件绝对数标准化后得分越高时,反而说明其在该三级指标下表现较差。值得一提的是,上海与天津的不作为案件数也仅 6 件与 16 件,因此不再进入赋分评价之内。但是,上海、天津的情况与青海、海南、西藏的情况不同,就总案件数而言上海(4 281 件)、天津(1 866 件)比海南(939 件)、青海(306 件)、西藏(13 件)样本量大很多,但上海、天津却能保持如此少的不作为案件数,由此可推知上海、天津在政府积极作为上表现优异。从表中可以看出,在仍计入评价的两个直辖市当中,北京的得分为 18.52,位居表单中游位置;重庆的虽然得分是 35.58,但已经是位于表单倒数第 5 的位置。标准化后得分最低的广东和江苏都不足 1,位于榜单前两名。东北三省的得分较高,都位于表单倒数 10 名以内,尤其是辽宁,其 279 件的不作为案件数是全国最高,最终也是得到了最高分并排在倒数第 1 的位置。

表 3-2-20　　各省级行政区不作为案件绝对数得分

省级行政区	不作为案件数	人均不作为案件数(标准化)	每亿元 GDP 案件数(标准化)	不作为案件绝对数(标准化)
江　苏	65	0.00	0.00	0.01
广　东	92	0.25	2.35	0.62
云　南	45	2.29	17.40	4.93
四　川	83	3.41	13.00	5.09
湖　北	63	4.62	8.91	5.37
福　建	45	6.12	5.61	6.03
河　北	86	5.99	15.48	7.65
广　西	55	5.67	19.34	8.06
新　疆	31	8.22	18.29	9.98
安　徽	79	8.13	18.94	10.02
甘　肃	34	8.70	33.22	12.99
湖　南	102	12.15	19.68	13.46
陕　西	69	17.75	20.93	18.30

① 天津、海南、青海、上海、西藏由于在本指数统计项中数量太少,故不列入统计。

续表

省级行政区	不作为案件数	人均不作为案件数（标准化）	每亿元 GDP 案件数（标准化）	不作为案件绝对数（标准化）
北　京	43	21.00	6.80	18.52
浙　江	110	20.35	11.96	18.89
山　东	190	19.53	16.25	18.96
黑龙江	74	20.51	34.06	22.87
江　西	93	21.57	34.02	23.74
河　南	212	25.25	34.98	26.95
吉　林	68	30.36	33.16	30.85
内蒙古	66	32.28	29.23	31.75
重　庆	87	36.22	32.53	35.58
山　西	104	35.86	51.93	38.67
贵　州	109	40.08	63.75	44.22
宁　夏	42	95.92	100.00	96.63
辽　宁	279	100.00	97.57	99.57
权　重	—	0.83	0.17	1.00

不作为案件的违法数和违法率越高，赋分越高，行政勤勉情况越糟。表 3-2-21 根据各地区行政不作为案件绝对数和违法率标准化后得分的高低进行排名。标准化后得分越高，反而表示其在该三级指标下表现较差。上海、天津本身不作为案件数很少，在违法率上存在偶然性因素太大，故不纳入此表进行赋分。根据表单右侧，同时结合前表可以看出，西部地区中的宁夏、内蒙古、甘肃再次占据了得分前七的位置，表明这些地区不但不作为案件绝对数较大，而且不作为案件违法率还较高，由此推出这些省份的行政勤勉性的确有待提高。在东北三省中，辽宁 279 件（全国最高）不作为案件当中却只有 104 件属于违法不作为，从而使得辽宁的不作为案件违法率降至全国最低，标准化后得分亦为最低而排在了表单首位。而同属于东北地区的黑龙江与辽宁却相去甚远，黑龙江在 74 件不作为案件数中有 72 件属实违法，违法率高达 97.30%，位于倒数第 2。京津冀地区中，北京的违法率（86.05%）处于全国偏高的水平，标准化后得分较高，位于表单倒数前十位；河北的违法率（60.47%）相对而言较低，最终得分较低排进前三位。江浙沪当中，江苏的违法率小于 50%，标准化得分为 17.25，位于第 2；而浙江不但

不作为案件数多,违法率也高达91.28%,最终得分偏高位于倒数第6。在表单左侧,江苏和浙江的位次与表单右侧相近,江苏仍保持着表单第2的位置;排名倒数前五位的是河南、山东、辽宁、浙江和山西,其不作为案件违法绝对数相对较多,故标准化后得分也相对较高。

表3-2-21　各省级行政区行政不作为案件违法数与违法率得分

省级行政区	不作为案件违法案件数	不作为案件违法绝对数(标准化)	省级行政区	违法率	不作为案件违法率(标准化)
新　疆	25	0.00	辽　宁	37.28%	0.01
甘　肃	31	3.97	江　苏	47.69%	17.25
江　苏	31	3.97	河　北	60.47%	38.43
福　建	33	5.30	福　建	73.33%	59.74
北　京	37	7.95	山　东	73.68%	60.32
宁　夏	41	10.60	吉　林	76.47%	64.95
云　南	42	11.26	贵　州	77.98%	67.45
广　西	47	14.57	陕　西	78.26%	67.92
河　北	52	17.88	广　东	80.43%	71.51
吉　林	52	17.88	新　疆	80.65%	71.88
陕　西	54	19.21	安　徽	81.01%	72.47
湖　北	56	20.53	河　南	83.02%	75.80
安　徽	64	25.83	四　川	83.13%	75.99
内蒙古	64	25.83	湖　南	85.29%	79.57
四　川	69	29.14	广　西	85.45%	79.83
黑龙江	72	31.13	山　西	85.58%	80.05
广　东	74	32.45	北　京	86.05%	80.83
重　庆	76	33.77	重　庆	87.36%	83.00
贵　州	85	39.74	湖　北	88.89%	85.53
湖　南	87	41.06	甘　肃	91.18%	89.33
江　西	88	41.72	浙　江	91.82%	90.39
山　西	89	42.38	云　南	93.33%	92.89
浙　江	101	50.33	江　西	94.62%	95.03
辽　宁	104	52.32	内蒙古	96.97%	98.92
山　东	140	76.16	黑龙江	97.30%	99.47
河　南	176	100.00	宁　夏	97.62%	100.00

不作为案件的综合评价越高,行政勤勉指数的赋分越低。表3-2-22根

据行政勤勉指数中的3个三级指标标准化后得分并按照一定权重进行重新排名。因为在此3个三级指标当中,标准化得分越高反而表示其表现越差,故总分越低排名越靠前,行政勤勉指数越高。上海、天津行政勤勉情况整体良好,前文已有分析,在此并不参与总排名。江苏因在3个三级指标当中均表现优异,所以不出意外地占据总排名的第1位,而同属江浙沪地区的浙江则因行政不作为案件违法率高达91.82%而排名较为靠后。河北、福建以20左右的总分位于表单的第2、3位。西南地区的四川排在表单第12名,要优于同属西南地区的重庆(第18名)不少。另一个参与排名的直辖市北京总分相对较低,最终排在表单第9名。东北三省在行政不作为的治理方面仍须努力,吉林以第14名位列表单中游;而辽宁、黑龙江的总分大于50,位于表单的第16名和第20名。若要改变东北及西北地区的政府形象,当地政府需要在治理行政不作为方面下功夫、做文章,转变政府职能,建设服务型政府。

表3-2-22　各省级行政区行政勤勉指数排名总表

省级行政区	不作为案件绝对数(标准化)	不作为案件违法绝对数(标准化)	不作为案件违法率(标准化)	行政勤勉指数
江　苏	0.01	3.97	17.25	7.17
河　北	7.65	17.88	38.43	21.45
福　建	6.03	5.30	59.74	24.14
新　疆	9.98	0.00	71.88	27.90
广　西	8.06	14.57	79.83	34.67
广　东	0.62	32.45	71.51	35.07
陕　西	18.30	19.21	67.92	35.54
甘　肃	12.99	3.97	89.33	36.16
北　京	18.52	7.95	80.83	36.39
安　徽	10.02	25.83	72.47	36.44
云　南	4.93	11.26	92.89	37.01
四　川	5.09	29.14	75.99	37.04
湖　北	5.37	20.53	85.53	37.63
吉　林	30.85	17.88	64.95	38.32
湖　南	13.46	41.06	79.57	44.92
辽　宁	99.57	52.32	0.01	50.36
贵　州	44.22	39.74	67.45	50.71
重　庆	35.58	33.77	83.00	51.19
山　东	18.96	76.16	60.32	51.50

续表

省级行政区	不作为案件绝对数(标准化)	不作为案件违法绝对数(标准化)	不作为案件违法率(标准化)	行政勤勉指数
黑龙江	22.87	31.13	99.47	51.69
内蒙古	31.75	25.83	98.92	52.78
浙　江	18.89	50.33	90.39	53.43
江　西	23.74	41.72	95.03	53.87
山　西	38.67	42.38	80.05	54.00
河　南	26.95	100.00	75.80	67.15
宁　夏	96.63	10.60	100.00	70.09
权　重	0.34	0.32	0.34	1.00

(七) 法治营商环境指数

近年来,无论是国际排名,抑或国内的改革需求,法治营商环境都是社会主义市场经济建设的重中之重。中共中央、国务院印发的《法治政府建设实施纲要(2015—2020年)》也指出,需要清理、废除妨碍全国统一市场和公平竞争的各种规定和做法,破除部门保护、地区封锁和行业垄断;需要深化商事制度改革,继续清理工商登记前置审批,加快工商登记后置审批改革;还需要进一步推进工商注册登记制度便利化。而营商环境指数是用于反映营商主体与当地行政机关发生法律纠纷的具体情况。当行政纠纷越少或行政机关违法率低时,法治营商环境指数越好。法治营商环境指数下设9个三级指标。其中,当法人案件绝对数、法人案件违法绝对数、行政许可案件绝对数、行政许可案件违法绝对数、行政登记案件绝对数与行政登记案件违法绝对数的数值越小时,代表该地区的行政纠纷越少,此时营商环境指数越好,赋分越高;而当法人案件违法率、行政许可案件数违法率、行政登记案件违法率越高时,代表这些行政纠纷是由行政机关的不法行为造成,此时当地法治营商环境指数就越差,赋分也越低。需要进一步说明的是,行政许可、行政登记是由自然人或法人在营商过程中与行政机关所发生纠纷的行为类型,所以在计算行政许可案件绝对数与行政登记案件绝对数时,无需在“行政许可案件数”或“行政登记案件数”里再用“是否为法人”进行筛选。

法人案件绝对数越高,法治营商环境的评价越低。表3-2-23根据法人案件绝对数标准化后得分的高低进行排名。标准化后得分越高,反而表示其在该三级指标下表现较差。① 因为地区法人案件数与地区法人数和地区 GDP 具有强相关，故此处绝对数的计算方式与前文相同。在 2017 年国家统计年鉴当中有各省市法人数量的统计(以“万”为单位)，所以此处仅绝对数的单位(件/万法人·万亿元)与本章其他绝对数有所不同。从表中可以看出，法人案件数超过 2 000 件的仅有广东省，其标准化后得分较高，即其在该三级指标下的表现较差，位于表单中后段。山东有超过 100 万的法人数，同时其法人案件数也超过了 1 000 件；另一个法人案件数超过 1 000 件就是江苏，同时其法人数为最多的 171.71 万，两者标准化后都位于表单前十位。浙江法人案件数也近 1 000 件，最终比江苏低 2 个位次。另外，在江浙沪中上海的法人案件数与北京不相上下，仅有 350 件左右，最终以极低的标准化得分排进表单前三位。京津冀地区在该三级指标下表现得都十分优异，都在前五位。甘肃、海南、贵州、重庆、湖南的标准化后得分最高，显示其法人案件相对而言较为频发，最终位于表单倒数前五。

表 3-2-23　　各省级行政区法人案件数得分

省级行政区	法人案件数	法人数(万)	法人案件绝对数(标准化)
天　津	148	36.25	0.00
北　京	365	66.97	7.99
上　海	338	43.27	11.12
河　北	465	61.11	13.30
江　苏	1 275	171.71	14.08
内蒙古	176	18.31	14.92
浙　江	928	130.78	16.43
山　东	1 133	134.42	17.00
云　南	281	34.37	18.00
湖　北	583	60.97	20.28
陕　西	355	28.70	26.14
山　西	339	33.69	26.74
福　建	705	63.61	29.02
安　徽	604	51.88	30.68
黑龙江	247	15.86	32.41
江　西	448	34.41	33.70
河　南	864	58.06	34.75
广　西	458	35.14	36.05

① 西藏、宁夏、青海由于在本指数统计项中数量少，不列入统计。

续表

省级行政区	法人案件数	法人数(万)	法人案件绝对数(标准化)
辽　宁	611	48.87	36.27
新　疆	231	15.14	37.39
四　川	665	32.73	45.12
广　东	2 329	132.53	47.12
吉　林	284	13.25	48.55
湖　南	851	39.27	55.13
重　庆	745	46.08	56.40
贵　州	649	24.74	87.73
海　南	191	6.37	90.76
甘　肃	382	12.57	100.00

法人案件违法数越高,法治营商环境越差。表 3-2-24 根据法人案件违法绝对数和违法率标准化后得分的高低进行排名。同上,标准化后得分越高,反而表示其在该三级指标下表现较差。在表单右侧,西部大开发地区当中的广西、贵州占据了表单倒数 2 个位次,其违法率均超过了 44%。令人诧异的是,浙江在法人案件数不足 1 000 件的情况下,违法案件数却超过 400 件,最终违法率逼近 44%,位于倒数第 3,这是华东地区中分数最高的,紧随其后的是安徽、山东。而江浙沪的另外两地违法率都较低,江苏省违法率为 26.51%,排进了前十位;上海更是唯一一个违法率低于 20%的地区(仅 15.68%),得到了最低分,表现最佳。京津冀地区再次表现不俗,位次紧邻。东北三省的分数也十分接近,违法率都略低于 30%。广东省有全国最多的法人案件数(共 2 329 件),也有全国最多的违法案件数(721 件),最终违法率为 30.96%,处于全国中游水平的位次。在表单左侧,上海、天津的位次与表单右侧相近,都位于表单前四位。排名倒数前五位的是广东、山东、浙江、河南和江苏,其法人案件违法数相对较多,故标准化后得分也相对较高。

表 3-2-24　　各省级行政区法人案件违法数与率得分

省级行政区	法人案件违法绝对数(标准化)	省级行政区	法人案件违法率(标准化)
天　津	0.00	上　海	0.00
内蒙古	3.04	天　津	14.00

续表

省级行政区	法人案件违法绝对数(标准化)	省级行政区	法人案件违法率(标准化)
海　南	3.18	福　建	30.04
上　海	3.33	河　北	30.22
黑龙江	6.37	重　庆	31.20
吉　林	7.81	北　京	31.56
新　疆	8.10	江　苏	33.03
北　京	9.41	海　南	35.22
云　南	9.41	四　川	36.11
陕　西	12.16	辽　宁	40.04
河　北	12.88	内蒙古	40.56
甘　肃	14.91	吉　林	42.39
山　西	15.20	黑龙江	43.55
江　西	15.77	湖　北	43.73
湖　北	20.98	广　东	46.60
辽　宁	21.13	江　西	46.81
福　建	21.71	陕　西	50.11
四　川	22.14	云　南	55.29
重　庆	23.59	甘　肃	58.37
广　西	27.79	湖　南	59.68
安　徽	31.55	新　疆	65.72
贵　州	37.19	山　东	70.36
湖　南	39.07	山　西	73.62
江　苏	44.57	安　徽	77.40
河　南	47.18	河　南	77.83
浙　江	54.56	浙　江	85.94
山　东	59.19	贵　州	87.04
广　东	100.00	广　西	100.00

行政许可纠纷数越多,法治营商环境的评价越低。表 3－2－25 根据行政许可案件绝对数标准化得分的高低进行排名。同上,标准化后得分越高,反而表示其在该三级指标下表现较差。该表中,北京的行政许可案件数是全国最高的 342 件,最终得到了较高的分数位于表单倒数第 3。京津冀地区的天津、河北标准化后得分均略大于 10,而最终都排进了表单前十位。行政许可案件数大于 200 件的地区还有浙江(229 件)、江苏(289 件)、湖南(239 件)、河南

(301件)、广东(229件),但它们的标准化得分大小不一。除北京之外,位于榜单倒数前五位的还有海南、吉林、贵州和黑龙江。东北三省独占两席,剩余一省辽宁标准化后得分为21.68,位于表单中游偏上位置。

表3-2-25　各省级行政区行政许可案件数得分

省级行政区	行政许可案件数	行政许可案件绝对数(标准化)
山　东	138	4.16
陕　西	40	5.50
内蒙古	32	7.66
重　庆	55	8.35
广　东	229	9.67
河　北	98	10.34
云　南	51	10.68
江　苏	289	12.49
天　津	63	12.85
湖　北	131	15.76
福　建	126	15.84
浙　江	229	16.72
辽　宁	117	21.68
上　海	131	21.79
山　西	79	21.80
江　西	94	22.06
甘　肃	38	24.81
安　徽	174	31.26
四　川	198	39.10
河　南	301	40.50
广　西	161	45.03
湖　南	239	45.56
新　疆	85	46.31
黑龙江	113	50.34
贵　州	146	58.60
北　京	342	60.39
吉　林	153	81.44
海　南	68	96.16

行政许可案件的违法数越高,法治营商环境越差。表3-2-26根据行政许可案件违法绝对数和违法率标准化后得分的高低进行排名。同理,标准化

后得分越高,反而表示其在该三级指标下表现较差。在表单右侧,4 个直辖市都处于表单前六位,违法率都不超过 10%,天津市更是唯一一个违法率不超过 5%的地区,它们的标准化得分都不超过 10。另外值得一提的是,重庆、上海、天津的行政许可违法案件数都没超过 10 件。表末多为西部地区,如山西、云南、内蒙古,违法率都超过了 33%,得分偏高。华中地区表现也不佳,河南的违法率达到 45.85%,而且还是全国唯一一个违法案件数超过 100 件的地区(138 件),最终得分为表单第 2 高;违法案件数第二多的是湖南(79 件),违法率也大于 33%,分数之高也排进前五位;湖北的违法率降到了只有 20%左右,不过最终也位于表单倒数前十位之列。另外可以看到,广东的违法率居于全国中游水平,最终得分位次也位于中游位置。在表单左侧,天津、重庆、上海的位次与表单右侧相近,都在前五位之列,说明其行政许可案件违法绝对数标准化后得分仍然较低;表单倒数前五位中,河南、湖南、山西依然在列,但加入了得分较高的北京、浙江。

表 3-2-26　　各省级行政区行政许可案件违法数、违法率得分

省级行政区	行政许可违法绝对数（标准化）	省级行政区	行政许可违法率（标准化）
天　津	0.00	天　津	0.00
陕　西	1.47	上　海	5.36
甘　肃	1.47	安　徽	7.90
重　庆	2.21	江　苏	8.45
上　海	5.15	重　庆	8.58
海　南	5.15	北　京	8.97
新　疆	5.88	陕　西	9.90
内蒙古	6.62	山　东	10.10
山　东	8.82	吉　林	10.57
河　北	8.82	甘　肃	10.67
安　徽	9.56	广　西	11.61
吉　林	10.29	新　疆	12.45
福　建	10.29	广　东	13.13
广　西	11.76	福　建	13.82
辽　宁	13.24	海　南	14.60
云　南	14.71	四　川	15.18
江　苏	17.65	河　北	16.12
黑龙江	17.65	辽　宁	20.18

续表

省级行政区	行政许可违法绝对数（标准化）	省级行政区	行政许可违法率（标准化）
四　川	18.38	贵　州	22.21
贵　州	18.38	湖　北	25.28
湖　北	18.38	黑龙江	28.76
江　西	18.38	浙　江	32.75
广　东	19.12	江　西	37.04
北　京	22.06	湖　南	43.32
山　西	40.44	内蒙古	45.24
浙　江	41.91	云　南	57.94
湖　南	56.62	河　南	61.87
河　南	100.00	山　西	100.00

行政登记案件绝对数越大，法治营商环境的评价越低。表 3 - 2 - 27 根据行政登记案件绝对数标准化后得分的高低进行排名。同理，标准化后得分越高，反而表示其在该三级指标下表现较差。从表中可以看出，4 个直辖市的得分都相对较低，最终位次都在表单前十位之列。在该表中，行政登记案件数超过 1 000 件的省份仅有广东和河南，但两者标准化后得分差了 30 多分。江浙沪地区中，江浙的得分亦不足 5，最终三者共同占据表单前三位。其余的人口大省当中，山东的得分小于 10，位于表单第 4；而四川的得分达到了 45.92，排进了表单的倒数前十位。表单末端的倒数前五位分别为甘肃、贵州、湖南、吉林和河南，其标准化后得分均大于 60。

表 3 - 2 - 27　　各省级行政区行政登记案件数得分

省级行政区	行政登记案件数	行政登记案件绝对数(标准化)
上　海	191	1.98
江　苏	717	4.31
浙　江	482	4.33
山　东	725	9.92
北　京	332	11.37
天　津	210	12.90
云　南	194	13.23
重　庆	268	16.45
湖　北	430	17.45

续表

省级行政区	行政登记案件数	行政登记案件绝对数(标准化)
河　北	461	20.80
福　建	458	20.82
安　徽	383	21.24
内蒙古	197	27.70
江　西	314	28.12
广　西	308	28.45
山　西	279	29.03
广　东	1 341	29.77
新　疆	164	31.89
陕　西	341	35.45
四　川	534	45.92
黑龙江	273	52.20
海　南	96	52.49
辽　宁	661	57.76
河　南	1 091	66.80
吉　林	288	67.47
湖　南	799	69.74
贵　州	543	97.38
甘　肃	288	97.90

行政登记案件违法数和违法率越高,法治营商环境越差。表 3 - 2 - 28 根据行政登记案件违法绝对数和违法率标准化后得分的高低进行排名。同理,标准化后得分越高,反而表示其在该三级指标下表现较差。在表单右侧,天津的违法率仅 10%,为全国最低。京津冀地区的北京、河北表现也不俗,违法率在 20%左右,因而得分较低排进了表单前十位。江浙沪当中,江苏和上海违法率在 18%左右,亦在表单前十位之列,而浙江所处位置已是中游。广东在发生最多行政登记案件数的情况下(为 1 341 件),违法数却能保持在 200 件左右,最终违法率仅高于天津,以 14.89 分位于表单第 2。

表 3 - 2 - 28　　各省市行政登记案件违法数、违法率得分

省级行政区	行政登记违法绝对数(标准化)	省级行政区	行政登记违法率(标准化)
天　津	0.00	天　津	0.00
新　疆	2.35	广　东	14.89

续表

省级行政区	行政登记违法绝对数(标准化)	省级行政区	行政登记违法率(标准化)
海　南	2.93	辽　宁	15.48
上　海	4.40	江　苏	19.40
山　西	9.09	新　疆	19.68
云　南	9.97	山　西	22.14
吉　林	12.32	上　海	22.67
内蒙古	12.61	北　京	24.55
北　京	12.90	河　北	28.85
甘　肃	14.37	吉　林	30.44
江　西	14.96	四　川	31.95
黑龙江	17.89	江　西	33.13
重　庆	21.99	湖　南	33.69
河　北	22.58	甘　肃	36.66
辽　宁	24.93	浙　江	37.64
福　建	27.57	福　建	38.71
湖　北	27.57	山　东	39.76
浙　江	28.74	湖　北	42.89
四　川	29.03	云　南	47.02
江　苏	30.79	黑龙江	51.35
安　徽	37.24	海　南	57.11
陕　西	38.12	内蒙古	57.62
广　西	38.12	河　南	59.39
湖　南	48.09	重　庆	66.15
山　东	48.09	安　徽	73.38
广　东	56.01	贵　州	74.40
贵　州	56.01	陕　西	87.83
河　南	100.00	广　西	100.00

直辖市之一的重庆市违法率高达35.82%,最终得分超过60,排在倒数第5位。另外位于表单倒数前五位的省级行政区分别为广西、陕西、贵州、安徽和重庆。在表单左侧,天津、上海、北京位次与表单右侧相近,都在前十位之列,说明其行政登记案件违法绝对数标准化后得分仍然较低;而广东的分数达到了56.01,排在倒数第三位,与表单右侧的位置截然相反。

表3-2-29根据营商环境指数下设的9个三级指标标准化后赋分,并按

照一定权重进行重新排名。因为在此 9 个三级指标当中，标准化得分越高反而表示其法治营商环境越差，所以总分越低排名越靠前，营商环境指数越高。从表中可以看出，京津冀地区和江浙沪地区表现强势，说明它们的营商环境相对较好，这也符合公民的一般预期。具体而言，在江浙沪地区当中，上海的总分为 7.88，位于表单第 2 名；江苏也以 18.59 的总分位于表单第 6 名；而浙江的总分相对高一些，最终排在表单第 18 名。在京津冀地区中，天津分数极低，获得了表单第 1 名；河北排在第 3 名，北京排在第 11 名。因该表是立足于司法案件的角度而得出，北京的行政许可、行政登记案件数相对较多，故而标准化得分再计算权重之后，仍会影响到它的排名；广东亦是受到了各种案件数及违法案件数较多的影响，最终的排名较低。4 个直辖市当中的重庆市，也以 18.42 的总分排进表单前 5。该榜单也能印证，一般而言经济欠发达地区的营商环境也是相对较差的。在参与赋分评价的省份当中，河南、贵州、湖南、海南分列于表单末端的第 25 名至第 28 名。

表 3-2-29　　各省级行政区营商环境指数总表

省级行政区	法人案件绝对数(标准化)	法人案件违法绝对数(标准化)	法人案件违法率(标准化)	行政许可案件绝对数(标准化)	行政许可违法绝对数(标准化)	行政许可违法率(标准化)	行政登记案件绝对数(标准化)	行政登记违法绝对数(标准化)	行政登记违法率(标准化)	营商环境指数
天　津	0.00	0.00	14.00	12.85	0.00	0.00	12.90	0.00	0.00	3.96
上　海	11.12	3.33	0.00	21.79	5.15	5.36	1.98	4.40	22.67	7.88
河　北	13.30	12.88	30.22	10.34	8.82	16.12	20.80	22.58	28.85	14.97
内蒙古	14.92	3.04	40.56	7.66	6.62	45.24	27.70	12.61	57.62	17.71
重　庆	56.40	23.59	31.20	8.35	2.21	8.58	16.45	21.99	66.15	18.42
江　苏	14.08	44.57	33.03	12.49	17.65	8.45	4.31	30.79	19.40	18.59
陕　西	26.14	12.16	50.11	5.50	1.47	9.90	35.45	38.12	87.83	18.85
福　建	29.02	21.71	30.04	15.84	10.29	13.82	20.82	27.57	38.71	19.28
云　南	18.00	9.41	55.29	10.68	14.71	57.94	13.23	9.97	47.02	20.11
新　疆	37.39	8.10	65.72	46.31	5.88	12.45	31.89	2.35	19.68	20.73
北　京	7.99	9.41	31.56	60.39	22.06	8.97	11.37	12.90	24.55	20.74
湖　北	20.28	20.98	43.73	15.76	18.38	25.28	17.45	27.57	42.89	21.29
山　东	17.00	59.19	70.36	4.16	8.82	10.10	9.92	48.09	39.76	21.66
江　西	33.70	15.77	46.81	22.06	18.38	37.04	28.12	14.96	33.13	24.37
安　徽	30.68	31.55	77.40	31.26	9.56	7.90	21.24	37.24	73.38	24.87

续表

省级行政区	法人案件绝对数(标准化)	法人案件违法绝对数(标准化)	法人案件违法率(标准化)	行政许可案件绝对数(标准化)	行政许可违法绝对数(标准化)	行政许可违法率(标准化)	行政登记案件绝对数(标准化)	行政登记违法绝对数(标准化)	行政登记违法率(标准化)	营商环境指数
辽　宁	36.27	21.13	40.04	21.68	13.24	20.18	57.76	24.93	15.48	26.72
四　川	45.12	22.14	36.11	39.10	18.38	15.18	45.92	29.03	31.95	29.84
浙　江	16.43	54.56	85.94	16.72	41.91	32.75	4.33	28.74	37.64	30.00
广　西	36.05	27.79	100.00	45.03	11.76	11.61	28.45	38.12	100.00	30.12
黑龙江	32.41	6.37	43.55	50.34	17.65	28.76	52.20	17.89	51.35	30.24
吉　林	48.55	7.81	42.39	81.44	10.29	10.57	67.47	12.32	30.44	33.75
甘　肃	100.00	14.91	58.37	24.81	1.47	10.67	97.90	14.37	36.66	34.60
山　西	26.74	15.20	73.62	21.80	40.44	100.00	29.03	9.09	22.14	35.74
广　东	47.12	100.00	46.60	9.67	19.12	13.13	29.77	56.01	14.89	35.89
海　南	90.76	3.18	35.22	96.16	5.15	14.60	52.49	2.93	57.11	36.45
湖　南	55.13	39.07	59.68	45.56	56.62	43.32	69.74	48.09	33.69	51.24
贵　州	87.73	37.19	87.04	58.60	18.38	22.21	97.38	56.01	74.40	51.91
河　南	34.75	47.18	77.83	40.50	100.00	61.87	66.80	100.00	59.39	66.69
权　重	0.10	0.13	0.01	0.15	0.21	0.13	0.15	0.10	0.03	1.00

(八) 小结

以上对7个二级指标以及下设的各项三级指标进行赋分评估是一次比较激进的尝试。每个二级指标落脚于不同的侧面,来反映各个地区的法治政府建设的良莠,而每一个三级指标都有其自身的局限性,因此二级指标下设多个三级指标,可以综合它们的评价功能,以期其能更加客观地表征所服务的二级指标。法治政府是司法视角难以完全涵盖的宏伟议题,难免挂一漏万。因此,法治政府的司法评估更是一项长期的系统工程,必须逐年根据行政裁判文书的更新和累积,开展持续、跟踪的历时性研究,也要针对不同发展阶段的社会需求,反馈出更多的理论研究新议题。必须要强调的是,法治中国司法指数不同于其他法治指数或评估研究,差距性评估的结论尽可能保持客观数据的描述,这是考虑到,法治政府司法指数的核心目标是在过程中发现问题,呈现问题,而无意用单一标准作出评价,引发无谓的争议。法治不是简单的依法而治,也永远没有"足够"的法治,依法行政的追求永无止境。我们承认,目前司法指数所指出的问题尚不全面,得出的结论仍有很大局限性,尤其是需要结合各地区的具体情况进行综合判断。但是,理论研究的科学性正是建立在对研究成果的自我反省和局限之上的,自然科学和社会科学同样如此,未来的法学研究不妨多一点数据,少一点论断。让中国的法治评估多一种方式,多一个视角,就是多一分贡献。

第四章　从基层法院判决书看四个直辖市法治政府建设

本章以 2017 年 4 个直辖市(北京、上海、天津、重庆)的基层法院判决行政机关违法的全部 1 502 份判决书为主要研究对象,辅之以四市全部 5 427 份基层法院判决书,从行政违法数及结构分析、行政违法排名的变量分析这两部分展开研究。

第一节　行政违法数的排名

在此首先制作和分析行政违法数排名,再分析行政违法数在领域、行为类型、违法情形、当事人方面的分布。行政违法数排名是行政违法数在各个直辖市的分布,是本研究的出发点,所有工作都紧紧围绕于此。行政管理领域有很多,如环境保护、公安、城管、城乡建设等,普通民众所熟悉这些领域,时常打交道,其相关数据能与老百姓感受发生联系,也与行政执法主体相关,行政行为有不同的类型,比如行政处罚、行政许可、行政征收、行政规划、行政补偿、行政合同等。违法情形有多种,本章将其归纳为主要证据不足、适用法律法规错误、违反法定程序等 7 种。这些都是行政实务界常用的概念,更是理论界构筑行政行为体系的重要范畴,其相关数据对实务和理论都能发挥很好的指引作用。

根据我们的统计,2017 年 4 个直辖市基层法院判决行政行为违法的判决数为 1 502 个,平均每个直辖市为 375.5 个。从表 4－1－1 中可以看出,判决行政行为违法的案件数超过 500 件的为北京市和重庆市,这两市的行政违法案件数约占 4 个直辖市行政违法案件总数的 79%。其中,排在首位的北京市有 684 个行政违法案件,约占 4 个直辖市行政违法案件总数的 45.5%。重庆以 507 个行政违法案件紧跟其后,而天津和上海各以 176 个和 135 个行政违法案件排在后两位,远远低于前两者,仅占 4 个直辖市行政违法案件总数的 11.7%

和9%左右。这说明上海和天津在法治政府建设方面很有成效，尤其是上海在人口数略多于北京的情况下，其行政违法案件数却远远低于北京，体现出上海的法治政府建设水平较高。

表4-1-1　各省级行政区判决行政违法案件数

违法案件数排名	省级行政区	判决违法案件数	撤诉案件数	判决违法案件数+撤诉案件数(排名)
1	北　京	684	87	771
2	重　庆	507	67	574
3	天　津	176	70	246
4	上　海	135	182	317

第二节　行政违法数的领域分布

一、各领域行政违法案件数排名

中国裁判文书网将行政案件涉及的领域划分为资源行政管理、城乡建设行政管理、人力资源和社会保障行政管理、公安行政管理、其他行政管理等42个领域。其中，其他行政管理领域是指省、市、县、区各级人民政府。需要特别说明的是，由于一个案件可能涉及几个管理领域，为了准确反映各个领域的真实情况，统计时不得不重复计算，所以表中总数的合计数会多于行政违法案件总数各领域占比相加所得，占比也会大于100%。

从表4-2-1中可以看出，总数高于150个(该领域判决违法案件数占全部判决违法案件数的10%以上)，排在前4位的依次是城乡建设行政管理、资源行政管理、公安行政管理以及人力资源和社会保障行政管理。有超过4/5的管理领域总的违法案件数少于50个，有超过7/10的管理领域总的违法案件数少于10个。其中城乡建设行政管理领域以398个违法案件位居首位，紧接其后的是资源行政管理领域共335个违法案件，这两者占据违法案件总数的50%以上，说明在城乡建设，土地、林业、能源领域出现纠纷和行政违法的情况很突出，这是我国经济快速发展以及城市化和旧城改造快速推进过程中的常见现象；公安行政管理是传统的强势部门，一直以来行政行为数量巨大，纠纷多,行政违法数也较为突出;实践中工伤认定纠纷多等问题把人力资源和社会保障行政管理领域推到了违法案件数的前列,说明我国现有的社会保障制度以及社会保障工作仍有不少需要完善的地方。

表4-2-1　　各领域行政违法案件数

排名	领　　域	违法数	■	◆	考虑撤诉数	
					●	★
1	城乡建设行政管理	398	26.50%(1)	32.10%(14)	36.97%(10)	23.82%(1)
2	资源行政管理	335	22.30%(2)	34.18%(8)	36.70%(11)	18.63%(2)
3	公安行政管理	202	13.45%(3)	17.91%(25)	24.28%(25)	14.80%(3)
4	人力资源和社会保障行政管理	160	10.65%(4)	15.09%(26)	17.28%(28)	9.37%(4)
5	工商行政管理	131	8.72%(5)	50.19%(4)	56.81%(5)	8.52%(5)
6	乡政府行政管理	126	8.39%(6)	39.62%(7)	44.67%(7)	7.72%(6)
7	其他行政管理	67	4.46%(7)	46.53%(5)	57.92%(3)	5.28%(7)
8	质量监督检验检疫行政管理	32	2.13%(8)	31.68%(15)	44.35%(8)	2.74%(8)
9	食品药品安全行政管理	23	1.53%(9)	21.50%(22)	28.21%(22)	1.64%(9)
10	民政行政管理	17	1.13%(10)	65.38%(2)	66.67%(2)	0.90%(11)
11	卫生行政管理	12	0.80%(11)	20.34%(23)	28.79%(21)	0.95%(10)
12	交通运输行政管理	9	0.60%(12)	42.86%(6)	50.00%(6)	0.60%(13)
13	教育行政管理	9	0.60%(13)	30.00%(17)	36.36%(12)	0.60%(14)
14	计划生育行政管理	9	0.60%(14)	21.95%(21)	36.00%(13)	0.90%(12)
15	审计行政管理	8	0.53%(15)	57.14%(3)	57.14%(4)	0.40%(17)
16	税务行政管理	7	0.47%(16)	30.43%(16)	36.00%(14)	0.45%(16)
17	司法行政行政管理	7	0.47%(17)	9.46%(28)	14.10%(30)	0.55%(15)
18	水利行政管理	5	0.33%(18)	33.33%(9)	33.33%(15)	0.25%(19)
19	农业行政管理	5	0.33%(19)	27.78%(18)	27.78%(23)	0.25%(20)
20	文化行政管理	4	0.27%(20)	33.33%(10)	38.46%(9)	0.25%(21)
21	邮政行政管理	3	0.20%(21)	33.33%(11)	33.33%(16)	0.15%(24)
22	国有资产行政管理	3	0.20%(22)	27.27%(19)	33.33%(17)	0.20%(22)
23	盐业行政管理	2	0.13%(23)	100.00%(1)	100.00%(1)	0.10%(26)
24	物价行政管理	2	0.13%(24)	14.29%(27)	20.00%(26)	0.15%(25)
25	环境保护行政管理	2	0.13%(25)	8.70%(29)	16.00%(29)	0.20%(23)
26	信息电信行政管理	1	0.07%(26)	33.33%(12)	33.33%(18)	0.05%(28)
27	烟草专卖行政管理	1	0.07%(27)	33.33%(13)	33.33%(19)	0.05%(29)

续表

排名	领　域	违法数	■	◆	考虑撤诉数	
					●	★
28	电力行政管理	1	0.07%(28)	25.00%(20)	25.00%(24)	0.05%(30)
29	旅游行政管理	1	0.07%(29)	20.00%(24)	33.33%(20)	0.10%(27)
30	财政行政管理	1	0.07%(30)	4.35%(30)	4.35%(31)	0.05%(31)
31	金融行政管理	1	0.07%(31)	3.85%(31)	19.35%(27)	0.30%(18)
32	经贸管理行政	0	0.00%(32)	0.00%(32)	0.00%(32)	0.00%(32)
33	体育行政管理	0	0.00%(33)	0.00%(33)	0.00%(33)	0.00%(33)
34	专利行政管理	0	0.00%(34)	0.00%(34)	0.00%(34)	0.00%(34)
35	新闻出版行政管理	0	0.00%(35)	0.00%(35)	0.00%(35)	0.00%(35)
36	行政监察	0	0.00%(36)	0.00%(36)	0.00%(36)	0.00%(36)
37	统计行政管理	0	0.00%(37)	0.00%(37)	0.00%(37)	0.00%(37)
38	广播电视行政管理	0	0.00%(38)	0.00%(38)	0.00%(38)	0.00%(38)
39	商标行政管理	0	0.00%(39)	0.00%(39)	0.00%(39)	0.00%(39)
40	海关行政管理	0	0.00%(40)	0.00%(40)	0.00%(40)	0.00%(40)
41	外汇行政管理	0	0.00%(41)	0.00%(41)	0.00%(41)	0.00%(41)
42	外资管理行政	0	0.00%(42)	0.00%(42)	0.00%(42)	0.00%(42)

注：
排名，系按判决违法案件数从多到少的排名。
■代表判决违法案件数与全部判决违法案件数(1 502 个)的比例。
◆代表本领域的判决违法案件数占本领域的判决案件数的比例以及排名。
●代表本领域的判决违法案件数加撤诉案件数，与本领域的判决案件数加撤诉案件数的比例以及排名。
★代表本领域判决违法案件数加本领域撤诉案件数，与判决违法案件数加撤诉案件数的比例以及排名。

从本领域判决行政违法案件数与本领域判决案件数之比看，排在前 4 位(本领域的判决违法案件数占本领域的判决案件数的比例高于 50%)的依次是盐业行政管理、民政行政管理、审计行政管理以及工商行政管理。说明在这几个领域，纠纷形成后，作为当事人一方的行政机关违法概率高。在经贸管理、体育、专利、新闻出版、行政监察、统计、广播电视、商标、海关、外汇、外资管理行政等行政管理领域，四市违法案件数为 0，说明这四市在这些领域行政违法行为较少。

二、行政违法案件集中领域的省级行政区排名

我们选取行政违法案件数排在前列的资源行政管理、城乡建设行政管

理、人力资源和社会保障行政管理、公安行政管理共4个领域，按地区进行了排名。这几个领域数字大，统计意义也大。省市县区人民政府所在的工商行政管理领域、乡政府行政管理领域虽然数字也较大，排在前列，但它们是政府或类似于政府，与一般的管理领域概念有别，所以在此不予特别观察。

从表4-2-2中可以看出，重庆在资源行政管理领域行政违法案件最多，四市占比接近50%，排名第1，因为重庆作为自然资源较为丰富的直辖市，资源型经济比重较大，资源领域案件多发频发，违法现象严重。相反，上海和天津自然资源较少，相应地资源领域案件少，违法现象较轻。值得注意的是，四市占比排名的顺序与行政违法案件数排名顺序一致，一定程度上可以说明资源领域违法案件数与该省级行政区行政违法案件总数有较大的正相关性。

表4-2-2　　资源行政领域的省级行政区排名

排名	省级行政区	违法数	占比（排名）	四市占比（排名）	考虑撤诉数	
					◇	□
1	重　庆	164	32.35%(1)	48.96%(1)	30.66%(1)	47.06%(1)
2	北　京	130	19.01%(2)	38.81%(2)	18.16%(2)	37.43%(2)
3	上　海	23	17.04%(3)	6.87%(3)	9.46%(4)	8.02%(3)
4	天　津	18	10.23%(4)	5.37%(4)	11.38%(3)	7.49%(4)

注：

排名，系资源领域判决行政违法数从多到少的排名。

违法数，系该省级行政区资源领域判决违法案件数。

占比（排名），系该省级行政区资源领域判决违法数占该省级行政区判决违法总数的比例，以及按比例从大到小的排名。

四市占比（排名），系该省级行政区资源领域判决违法数占4个直辖市资源领域判决违法数的比例，以及从大到小的排名。

◇代表该省级行政区资源领域判决行政违法数加资源领域撤诉案件数，占该省级行政区判决违法案件总数加撤诉案件数的比例，以及从大到小的排名。

□代表该省级行政区资源领域判决违法数加资源领域撤诉案件数，占4个直辖市资源领域判决违法案件数加4个直辖市资源领域撤诉案件数的比例，以及从大到小的排名。

从表4-2-3可以看出，从城乡建设领域判决行政违法案件数来看，北京以255件的绝对多数排名第1，比重庆、上海、天津三市在该领域违法案件数的总和还要多，说明北京在城乡建设领域行政违法案件多发频发，这与北京近年来进行城乡改造、城市副中心建设以及非首都功能疏解的政策有较大相关性。上海市在城乡建设领域以 54 个违法案件在占比排名中居于首位，占比高达 40%，其次是占比达 37.28%的北京，而重庆和天津分别占比 11.44%和 17.61%，总体占比较低。这说明上海和北京在城乡建设领域违法案件数占本省级行政区判决违法总数的比例较高，城乡建设行政违法现象较为突出，这与城市发展速度有较大相关性，城市发展速度越快，在城乡建设领域出现的违法案件数就越多。

表 4-2-3　　城乡建设领域的省级行政区排名

排名	省级行政区	违法数	占比（排名）	四市占比（排名）	考虑撤诉数	
					◇	□
1	北　京	255	37.28%(2)	64.07%(1)	35.54%(1)	57.32%(1)
2	重　庆	58	11.44%(4)	14.57%(2)	10.98%(4)	13.18%(3)
3	上　海	54	40.00%(1)	13.57%(3)	30.28%(2)	20.08%(2)
4	天　津	31	17.61%(3)	7.79%(4)	18.29%(3)	9.41%(4)

注：

排名，系城乡建设领域判决违法案件数从大到小的排名。

违法数，系该省级行政区城乡建设领域判决违法的案件数。

占比（排名），系该省级行政区城乡建设领域判决违法数，占该省级行政区判决违法总数的比例，以及从大到小的排名。

四市占比（排名），系该省级行政区城乡建设领域判决违法的案件数，占 4 个直辖市城乡建设领域判决违法案件数的比例，以及从大到小的排名。

◇代表该省级行政区城乡建设领域判决违法数加城乡建设领域撤诉数，占该省级行政区判决违法数加撤诉数的比例，以及从大到小的排名。

□代表该省级行政区城乡建设领域判决违法数加城乡建设领域撤诉数，占 4 个直辖市城乡建设领域判决违法案件数加 4 个直辖市城乡建设领域撤诉数的比例，以及从大到小的排名。

从表 4-2-4 中可以看出，重庆在人力资源与社会保障领域的行政违法案件数以绝对多数排在首位，占到四市在该领域违法案件数的 78.13%，同时在占比排名中以 24.65%的较高占比排名第 1。这说明重庆在人力资源和社会保障行政管理领域的纠纷较多，说明重庆作为人力资源输出地需要加大对外出人口以及留守儿童、留守老人的社会保障等问题的关注。北京、上海、天津在人力资源与社会保障领域的违法案件总数和占比排名较为靠后，而且占比较少，均不超过 5%，说明这三个省级行政区在该领域的法治水平普遍明显较高。

表 4-2-4 人力资源与社会保障领域的省级行政区排名

排名	省级行政区	违法数	占比(排名)	四市占比(排名)	考虑撤诉数	
					◇	□
1	重庆	125	24.65%(1)	78.13%(1)	23.87%(1)	72.87%(1)
2	北京	23	3.36%(3)	14.38%(2)	3.37%(3)	13.83%(2)
3	天津	8	4.55%(2)	5.00%(3)	6.50%(2)	8.51%(3)
4	上海	4	2.96%(4)	2.50%(4)	2.84%(4)	4.79%(4)

注：
排名，系人力资源和社会保障领域判决违法案件数从大到小的排名。
违法数，系该省级行政区人力资源和社会保障领域判决违法的案件数。
占比(排名)，系该省级行政区人力资源和社会保障领域判决违法案件，占该省级行政区判决违法案件总数的比例，以及从大到小的排名。
四市占比(排名)，系该省级行政区人力资源和社会保障领域判决违法案件数，占 4 个直辖市人力资源和社会保障领域判决违法案件数的比例，以及从大到小的排名。
◇代表该省级行政区人力资源和社会保障领域判决违法数加人力资源和社会保障领域撤诉数，占该省级行政区判决违法数加撤诉数的比例，以及从大到小的排名。
□代表该省级行政区人力资源和社会保障领域判决违法数加人力资源和社会保障领域撤诉数，占 4 个直辖市人力资源和社会保障领域判决违法案件数加 4 个直辖市人力资源和社会保障领域撤诉数的比例，以及从大到小的排名。

从表 4-2-5 可以看出，在公安领域判决行政违法案件数方面，重庆以 111 个违法案件位列第 1，远远多于其他 3 个地区在该领域的行政违法数，其占比为 21.89%，说明重庆在公安领域行政违法情况较为突出。值得注意的

表 4-2-5 公安领域的省级行政区排名

排名	省级行政区	违法数	占比(排名)	四市占比(排名)	考虑撤诉数	
					◇	□
1	重庆	111	21.89%(1)	54.95%(1)	21.43%(2)	41.41%(1)
2	北京	37	5.41%(4)	18.32%(2)	7.52%(4)	19.53%(3)
3	天津	28	15.91%(3)	13.86%(3)	15.45%(3)	12.79%(4)
4	上海	26	19.26%(2)	12.87%(4)	24.61%(1)	26.26%(2)

注：
排名，系公安领域判决违法案件数从大到小的排名。
违法数，系该省级行政区公安领域判决违法的案件数。
占比(排名)，系该省级行政区公安领域判决违法案件数，占该省级行政区判决违法案件总数的比例，以及从大到小的排名。
四市占比(排名)，系该省级行政区公安领域判决违法案件数，占 4 个直辖市公安领域判决违法案件数的比例，以及从大到小的排名。
◇代表该省级行政区公安领域判决违法数加公安领域撤诉数，占该省级行政区判决违法数加撤诉数的比例，以及从大到小的排名。
□代表该省级行政区公安领域判决违法数加公安领域撤诉数，占 4 个直辖市公安领域判决违法案件数加 4 个直辖市公安领域撤诉数的比例，以及从大到小的排名。

是，虽然上海以26个行政违法案件排名最后，但是其占比接近20%，排名第2，这说明上海在公安行政管理领域行政违法现象较为突出。自2016年3月开始，上海展开了声势浩大的道路交通大整治运动，公安机关对交通违法行为进行了严格处理，该统计数据反映出该整治运动对上海公安违法案件数有一定的影响。相反，北京在公安行政领域违法案件数(37)虽然高于上海(26)，但是北京在该领域的占比仅5.41%，远远低于其他各直辖市。

第三节　行政违法数的行为类型分布

一、各行为类型的行政违法案件数排名

中国裁判文书网对行政案件按司法解释设定的行为类型确定案由。行为类型包括行政处罚、行政补偿、行政裁决、行政登记、行政复议、行政给付、行政规划、行政强制、行政合同、行政监督、行政许可、行政征收、行政征用、政府信息公开、其他行政行为等28类。由于一个案件可能涉及几个行为类型，统计时会有重复，图表中的合计数会多于行政违法案件数，各个行为类型占比相加所得总数也会大于100%。

从表4-3-1中可以看出，违法数高于100个，排在前6位的是行政确认(304)、行政登记(286)、行政强制(231)、政府信息公开(192)、其他行政行为(185)以及行政处罚(109)。有近2/3的行为类型少于30个。排在前列的六大类型中有权力性很强的行政行为，如行政强制、行政处罚，也有权力性不强的行政确认、行政登记、政府信息公开。我国社会正处在社会变革期，社会矛盾较为突出，各种利益交织冲突，同时我国尤其是在北京、上海等法治水平较高地区，人们权利意识和法治意识明显增强。上述六大类型正是当下我国行政纠纷和社会矛盾在4个直辖市的真实反映。

表4-3-1　　行为类型排名

排名	行为类型	违法数	违法占比	总数占比（排名）	考虑撤诉	
					▲	●
1	行政确认	304	20.24%(1)	33.41%(5)	35.26%(9)	17.30%(1)
2	行政登记	286	19.04%(2)	56.08%(2)	58.36%(3)	16.46%(2)

续表

排名	行为类型	违法数	违法占比	总数占比（排名）	考虑撤诉	
					▲	●
3	行政强制	231	15.38%(3)	63.46%(1)	65.09%(2)	13.00%(5)
4	政府信息公开	192	12.78%(4)	18.20%(13)	22.46%(13)	13.10%(4)
5	其他行政行为	185	12.32%(5)	31.30%(6)	40.29%(7)	14.36%(3)
6	行政处罚	109	7.26%(6)	13.15%(16)	17.71%(18)	8.12%(6)
7	行政撤销	83	5.53%(7)	24.56%(9)	37.80%(8)	8.12%(7)
8	行政复议	69	4.59%(8)	9.22%(18)	16.99%(19)	7.29%(8)
9	行政许可	66	4.39%(9)	38.82%(3)	40.57%(6)	3.72%(9)
10	行政补偿	29	1.93%(10)	18.47%(12)	20.99%(16)	1.78%(10)
11	行政给付	21	1.40%(11)	30.00%(7)	31.94%(11)	1.21%(12)
12	行政批准	18	1.20%(12)	14.52%(14)	18.46%(17)	1.26%(11)
13	行政裁决	17	1.13%(13)	38.64%(4)	41.30%(5)	1.00%(15)
14	行政命令	16	1.07%(14)	27.12%(8)	32.81%(10)	1.10%(13)
15	行政受理	14	0.93%(15)	19.44%(11)	25.64%(12)	1.05%(14)
16	行政征收	13	0.87%(16)	20.00%(10)	21.21%(14)	0.73%(17)
17	行政合同	10	0.67%(17)	14.29%(15)	21.05%(15)	0.84%(16)
18	行政救助	2	0.13%(18)	8.00%(19)	8.00%(21)	0.10%(19)
19	行政检查	1	0.07%(20)	12.5%(17)	12.50%(20)	0.05%(20)
20	行政奖励	1	0.07%(19)	7.14%(20)	7.14%(22)	0.05%(21)
21	行政征用	0	0.00%(21)	0.00%(21)	0.00%(23)	0.00%(23)
22	行政监督	0	0.00%(22)	0.00%(22)	50.00%(4)	0.73%(18)
23	行政规划	0	0.00%(23)	0.00%(23)	0.00%(24)	0.00%(24)
24	行政执行	0	0.00%(24)	0.00%(24)	100.00%(1)	0.05%(22)
25	行政允诺	0	0.00%(25)	0.00%(25)	0.00%(25)	0.00%(25)
26	行政征购	0	0.00%(26)	0.00%(26)	0.00%(26)	0.00%(26)
27	行政划拨	0	0.00%(27)	0.00%(27)	0.00%(27)	0.00%(27)
28	行政协助	0	0.00%(28)	0.00%(28)	0.00%(28)	0.00%(28)

注：

排名，系该类型判决违法案件数从大到小的排名。

违法数，系该类型判决违法的案件数。

违法占比，系该类型判决违法案件数占判决违法案件总数的比例。

总数占比（排名），系该类型判决违法案件数，占该类型判决案件数的比例，以及从大到小的排名。

▲代表类型判决违法案件数加该类型撤诉数，占该类型判决案件数加该类型撤诉数的比例，以及从大到小的排名。

●代表该类型判决违法案件数加该类型撤诉数，占判决行政违法案件数加撤诉数的比例，以及从大到小的排名。

二、各行为类型行政违法案件的省级行政区排名

对行为类型行政违法案件在各地区分布情况进行观察时，我们选取了较为典型的行政复议、行政强制、行政登记、政府信息公开以及行政征收这五种行政行为类型。它们的数据能够更好地反映该地区法治政府建设水平，较其他行政行为更具统计意义。

行政复议是解决行政纠纷的重要机制。从表4－3－2中可以看出，判决行政复议违法案件数最多的是北京市(40)，占四市判决行政复议违法案件数的50%以上，但从占比数据来看，北京(5.85%)并不算过高，与重庆(3.16%)和上海(8.89%)在该领域的占比相差不大。值得注意的是，天津在2017年仅有1份行政复议违法判决，仅占天津行政违法案件数的0.57%，远远低于其他三市，说明天津在复议决定的合法性水平上高于其他三市。

表4－3－2　行政复议的省级行政区排名

排名	省级行政区	违法数	占比(排名)	四市占比(排名)	考虑撤诉	
					☆	★
1	北　京	40	5.85%(2)	57.97%(1)	6.87%(2)	38.13%(2)
2	重　庆	16	3.16%(3)	23.19%(2)	4.01%(3)	16.55%(3)
3	上　海	12	8.89%(1)	17.39%(3)	18.61%(1)	42.45%(1)
4	天　津	1	0.57%(4)	1.45%(4)	1.63%(4)	2.88%(4)

注：

排名，系判决行政复议违法案件数从大到小的排名。

违法数，系该省级行政区判决行政复议违法的案件数。

占比(排名)，系该省级行政区判决行政复议违法案件数，占该省级行政区判决违法案件总数的比例，以及从大到小的排名。

四市占比(排名)，系该省级行政区判决行政复议违法案件数，占4个直辖市判决行政复议违法案件数的比例，以及从大到小的排名。

☆代表该省级行政区判决行政复议违法案件数加行政复议撤诉案件数，占该省级行政区判决行政违法案件总数加该省级行政区撤诉案件数的比例，以及从大到小的排名。

★代表该省级行政区判决行政复议违法案件数加行政复议撤诉案件数，占4个直辖市判决行政复议违法案件数加4个直辖市行政复议撤诉案件数的比例，以及从大到小的排名。

从表4－3－3中可以看出，从该省级行政区判决行政强制违法案件数和该数在所在省级行政区判决行政违法案件数中的占比来看，北京、上海和天津差别不是特别明显，但是重庆(3.35%)远远低于其他三市，同时重庆的行政强制违法

案件数也最少,这说明重庆在行政强制领域违法案件较少,执法水平较高。而北京以158的行政强制违法案件数高居首位,远远多于其他三市,但在占比中北京(23.1%)与上海(22.96%)、天津(14.2%)相差不大,说明这三个省级行政区在行政强制领域行政执法水平大致相当。2015年以来,上海持续开展了"五违四必"大整治运动,拆除了很多违法建筑,由此也产生了不少纠纷,从表4-3-3数据可以看出该整治运动与该领域行政违法数具有一定的相关性。

表4-3-3 行政强制的省级行政区排名

排名	省级行政区	违法数	占比(排名)	四市占比(排名)	考虑撤诉	
					☆	★
1	北京	158	23.10%(1)	68.40%(1)	21.14%(1)	65.73%(1)
2	上海	31	22.96%(2)	13.42%(2)	11.67%(2)	14.92%(2)
3	天津	25	14.20%(3)	10.82%(3)	10.98%(3)	10.89%(3)
4	重庆	17	3.35%(4)	7.36%(4)	3.66%(4)	8.47%(4)

注:
排名,系判决行政强制违法案件数从大到小的排名。
违法数,系该省级行政区判决行政强制违法的案件数。
占比(排名),系该省级行政区判决行政强制违法案件数,占该省级行政区判决违法案件总数的比例,以及从大到小的排名。
四市占比(排名),系该省级行政区判决行政强制违法案件数,占四市判决行政强制违法案件数的比例,以及从大到小的排名。
☆代表该省级行政区判决行政强制违法案件数加行政强制撤诉案件数,占该省级行政区判决行政违法案件总数加该省级行政区撤诉案件数的比例,以及从大到小的排名。
★代表该省级行政区判决行政强制违法案件数加行政强制撤诉案件数,占四市判决行政强制违法案件数加四市行政强制撤诉案件数的比例,以及从大到小的排名。

从表4-3-4中可以看出,北京在行政登记领域以213的违法案件数远远超过其他三市,四市占比高达74.48%;其次,北京的占比数据也明显较高,占北京市基层法院判决行政登记行为违法案件总数的31.14%,说明北京在该领域行政违法情况严重,行政登记法治水平亟须提高。其他三市在该领域占比较少,法治水平较高。

表4-3-4 行政登记的省级行政区排名

排名	省级行政区	违法数	占比(排名)	四市占比(排名)	考虑撤诉	
					☆	★
1	北京	213	31.14%(1)	74.48%(1)	28.92%(1)	71.02%(1)
2	重庆	42	8.28%(4)	14.69%(2)	7.49%(3)	13.69%(2)

续表

排名	省级行政区	违法数	占比（排名）	四市占比（排名）	考虑撤诉	
					☆	★
3	天　津	17	9.66%(3)	5.94%(3)	13.82%(2)	10.83%(3)
4	上　海	14	10.37%(2)	4.90%(4)	4.42%(4)	4.46%(4)

注：
排名，系判决行政登记违法案件数从大到小的排名。
违法数，系该省级行政区判决行政登记违法的案件数。
占比（排名），系该省级行政区判决行政登记违法案件数，占该省级行政区判决违法案件总数的比例，以及从大到小的排名。
四市占比（排名），系该省级行政区判决行政登记违法案件数，占四个直辖市判决行政登记违法案件数的比例，以及从大到小的排名。
☆代表该省级行政区判决行政登记违法案件数加行政登记撤诉案件数，占该省级行政区判决行政违法案件总数加该省级行政区撤诉案件数的比例，以及从大到小的排名。
★代表该省级行政区判决行政登记违法案件数加行政登记撤诉案件数，占 4 个直辖市判决行政登记违法案件数加 4 个直辖市行政登记撤诉案件数的比例，以及从大到小的排名。

从表 4－3－5 中可以看出，在省级行政区判决政府信息公开违法案件数方面，北京以 94 个违法案件排名第 1，四市占比仍然是近一半的较高比例。在占比排名中，四市占比数据差别在 10%以内，说明在政府信息公开领域，4 个直辖市的法治建设水平基本相当，但是上海的政府信息公开违法案件数占上海违法案件判决总数的 20%，具有较高的违法比例，说明上海应当进一步提高政府信息公开法治建设水平。

表 4－3－5　　政府信息公开的省级行政区排名

排名	省级行政区	违法数	占比（排名）	四市占比（排名）	考虑撤诉	
					☆	★
1	北　京	94	13.74%(3)	48.96%(1)	13.49%(2)	41.60%(1)
2	重　庆	46	9.07%(4)	23.96%(2)	9.41%(4)	21.60%(3)
3	天　津	26	14.77%(2)	13.54%(3)	12.60%(3)	12.40%(4)
4	上　海	26	19.26%(1)	13.54%(4)	19.24%(1)	24.40%(2)

注：
排名，系判决政府信息公开违法案件数从大到小的排名。
违法数，系该省级行政区判决政府信息公开违法的案件数。
占比（排名），系该省级行政区判决政府信息公开违法案件数，占该省级行政区判决违法案件总数的比例，以及从大到小的排名。
四市占比（排名），系该省级行政区判决政府信息公开违法案件数，占 4 个直辖市判决政府信息公开违法案件数的比例，以及从大到小的排名。
☆代表该省级行政区判决政府信息公开违法案件数加政府信息公开撤诉案件数，占该省级行政区判决行政违法案件总数加该省级行政区撤诉案件数的比例，以及从大到小的排名。
★代表该省级行政区判决行政处罚违法案件数加政府信息公开撤诉案件数，占 4 个直辖市判决政府信息公开违法案件数加 4 个直辖市政府信息公开撤诉案件数的比例，以及从大到小的排名。

从表 4－3－6 中可以看出，四市在行政征收领域的行政违法数总体较少，都在个位数内，说明在行政征收领域，四市的行政执法水平较高，违法案件少，尤其是北京在该领域违法数为 0，2017 年没有发生行政征收违法案件。

表 4－3－6　　行政征收的省级行政区排名

排名	省级行政区	违法数	占比（排名）	四市占比（排名）	考虑撤诉	
					☆	★
1	上　海	9	6.67%(1)	69.23%(1)	2.84%(1)	64.29%(1)
2	重　庆	3	0.59%(2)	23.08%(2)	0.52%(2)	21.43%(2)
3	天　津	1	0.57%(3)	7.69%(3)	0.41%(3)	7.14%(3)
4	北　京	0	0.00%(4)	0.00%(4)	0.13%(4)	7.14%(4)

注：

排名，系判决行政征收违法案件数从大到小的排名。

违法数，系该省级行政区判决行政征收违法的案件数。

占比(排名)，系该省级行政区判决行政征收违法案件数，占该省级行政区判决违法案件总数的比例，以及从大到小的排名。

四市占比(排名)，系该省级行政区判决行政征收违法案件数，占 4 个直辖市判决行政征收违法案件数的比例，以及从大到小的排名。

☆代表该省级行政区判决行政征收违法案件数加行政征收撤诉案件数，占该省级行政区判决行政违法案件总数加该省级行政区撤诉案件数的比例，以及从大到小的排名。

★代表该省级行政区判决行政征收违法案件数加行政征收撤诉案件数，占 4 个直辖市判决行政征收违法案件数加 4 个直辖市行政征收撤诉案件数的比例，以及从大到小的排名。

第四节　行政违法案件的违法情形分布

我们根据《行政诉讼法》第 70、72、73 条，行政行为的违法情形可分成主要证据不足、违反法定程序、适用法律法规错误、超越职权、滥用职权、明显不当和不作为这七类。这些情形反映出行政机关作行政行为时的错误形态，准确把握它们的相关情况，有利于评价和改善行政机关工作。需要注意的是，一个案件有时有几种违法情形，本报告统计它们时，一般是直接相加，这样，违法情形总数就会多于违法案件总数。

从表 4－4－1 中可以看出，主要证据不足以 656 个违法情形数大大领先于其他违法情形，占比也高达 40%，表明四市行政机关在没有完全弄清楚事实时就做出行政行为的情况很多。占比超过 10%的还有违反法定程序、不作为和适用法律法规错误。违反法定程序接近 30%，正当法律程序观念的提倡在我国已有不短的时间，30%的比例，似乎比较恰当地反映了四市的行政机关、公民、法院等各方对法定程序的认识。虽然行政机关加大了依程序行政的力度，但公民或组织也增强了以违反法定程序为由提起诉讼的动力，而法院也更加中立，更愿意用是否违反法定程序来判断行政行为是否违法。不作为占比接近 1/4，表明四市的行政机关懒政情况很比较严重，这表明为民服务观念还不坚实，多一事不如少一事观念还有沉淀。明显不当和滥用职权排名靠后，符合人们的一般感觉，滥用职权在司法实践中有很大的判断难度，而明显不当的判断范围很小，法院对行政权及其行政裁量权有顾虑，故在判断明显不当时一直持很谨慎的态度。

表 4-4-1　　各违法情形数及其在总违法情形中的占比

排名	违法情形	该违法情形数	该违法情形数在总违法情形数中的占比
1	主要证据不足	656	43.68%
2	违反法定程序	446	29.69%
3	不作为	364	24.23%
4	适用法律法规错误	158	10.52%
5	超越职权	147	9.79%
6	明显不当	23	1.53%
7	滥用职权	2	0.13%

表 4-4-2 显示，北京的主要证据不足案件数大大高于其他三市，是第 2 位重庆的 3 倍多，占到四市的 60%以上，而且占本市违法情形的近 60%，可以说，北京的主要证据不足情况很严重，说明北京的行政机关还需在事实认定、证据把握方面大力改进工作。上海在这方面的案件数虽然只有 64 个，排名靠后，但其本地占比也近 50%，说明上海在今后改进工作时，要把主要证据不足作为重要方向。

表 4-4-2　　主要证据不足的省级行政区排名

排名	省级行政区	主要证据不足	四市占比	本地占比(排名)
1	北　京	405	61.74%	59.21%(1)
2	重　庆	123	18.75%	24.26%(4)
3	上　海	64	9.76%	47.41%(2)
3	天　津	64	9.76%	36.36%(3)

注：

排名，系主要证据不足的违法情形案件数从大到小的排名。

四市占比，系该省级行政区主要证据不足的违法情形案件数，占四市证据不足的违法情形案件数的比例。

本地占比(排名)，系该省级行政区主要证据不足的违法情形案件数，占该省级行政区违法案件数的比例，及其该比例从大到小的排名。

从表 4-4-3 中可以看出,不论是从违法数看,还是从本地占比看,重庆在适用法律法规错误方面都高于其他三市,违法数是排在第 2 位的北京的 2 倍多,说明重庆的行政机关及其工作人员对法律法规的理解及其运用存在较大的缺陷。天津虽然违法数不到重庆的 1/3,但本地占比却接近重庆,所以今后在改进工作中,天津可以从适用法律法规方面入手。

表 4-4-3　　适用法律法规错误的省级行政区排名

排名	省级行政区	适用法律法规错误	四市占比	本地占比(排名)
1	重　庆	81	51.27%	15.98%(1)
2	北　京	35	22.15%	5.12%(4)
3	天　津	24	15.19%	13.64%(2)
4	上　海	18	11.39%	13.33%(3)

注:
排名,系适用法律法规错误的违法情形案件数从大到小的排名。
四市占比,系该省适用法律法规错误的违法情形案件数,占四市适用法律法规错误的违法情形案件数的比例。
本地占比(排名),系该省级行政区适用法律法规错误的违法情形案件数,占该省级行政区违法案件数的比例,及其该比例从大到小的排名。

表 4-4-4 显示,北京违反法定程序的案件数大大多于其他三市,是第 2 位重庆的 2 倍多,是上海的 6 倍多,在本地占比上也高达 1/3 以上,所以北京在违反法定程序方面很严重,今后必须采取措施,加大改进依程序行政的工作力度。天津在违反法定程序案件数上只有 68 个,但本地占比却位居首位,所以,也要像适用法律法规错误情形那样,今后将依程序行政作为改进工作的着力点。

表 4-4-4　　违反法定程序的省级行政区排名

排名	省级行政区	违反法定程序	四市占比	本地占比(排名)
1	北　京	248	55.61%	36.26%(2)
2	重　庆	93	20.85%	18.34%(4)
3	天　津	68	15.25%	38.64%(1)
4	上　海	37	8.30%	27.41%(3)

注:
排名,系违反法定程序的违法情形案件数从大到小的排名。
四市占比,系该省违反法定程序的违法情形案件数,占四市违反法定程序的违法情形案件数的比例。
本地占比(排名),系该省级行政区违反法定程序的违法情形案件数,占该省级行政区违法案件数的比例,及其该比例从大到小的排名。

从表 4-4-5 中可以看出，不论是在违法数上，还是在本地占比上，重庆的超越职权情况都大大高于其他三市。违法数是第 2 位北京的近 5 倍，本地占比是 6 倍多，违法数占到四市的 3/4 以上，可见，重庆的行政机关及其工作人员在对自身权力边界的认识上很有问题。其他三市违法数不算高，本地占比也较低，与重庆形成了鲜明对比，说明这三市的行政机关及其工作人员的权力观总体还比较正，尤其是上海和天津。

表 4-4-5　　超越职权的省级行政区排名

排名	省级行政区	超越职权	四市占比	本地占比(排名)
1	重　庆	114	77.55%	22.49%(1)
2	北　京	24	16.33%	3.51%(3)
3	上　海	5	3.40%	3.70%(2)
4	天　津	4	2.72%	2.27%(4)

注：
排名，系超越职权的违法情形案件数从大到小的排名。
四市占比，系该省超越职权的违法情形案件数，占四市超越职权的违法情形案件数的比例。
本地占比(排名)，系该省级行政区超越职权的违法情形案件数，占该省级行政区违法案件数的比例，及其该比例从大到小的排名。

表 4-4-6 显示，滥用职权的案件在四市极少，只有重庆有 2 个，结合前面超越职权的情况看，重庆的行政机关及其工作人员的权力观有很大的提升空间，而其他三市做得还不错。

表 4-4-6　　滥用职权的省级行政区排名

排名	省级行政区	滥用职权	四市占比	本地占比(排名)
1	重　庆	2	100.00%	0.39(1)
2	北　京	0	0.00%	0.00(2)
2	上　海	0	0.00%	0.00(2)
2	天　津	0	0.00%	0.00(2)

注：
排名，系滥用职权的违法情形案件数从大到小的排名。
四市占比，系该省滥用职权的违法情形案件数，占四市滥用职权的违法情形案件数的比例。
本地占比(排名)，系该省级行政区滥用职权的违法情形案件数，占该省级行政区违法案件数的比例，及其该比例从大到小的排名。

从表 4-4-7 中可以看出，北京在明显不当违法情形方面相对突出一些，违法数 15 个，也不是特别多，而其他三市就更少了，上海则没有。说明总体上四市对行政自由裁量把握得还可以，不过北京要注意一些，还是要在今后工作加以认真改进。

表 4－4－7　　明显不当的省级行政区排名

排名	省级行政区	明显不当	四市占比	本地占比(排名)
1	北　京	15	65.22%	2.19%(2)
2	天　津	6	26.09%	3.41%(1)
3	重　庆	2	8.70%	0.39%(3)
4	上　海	0	0.00%	0.00%(4)

注：

排名，系明显不当的违法情形案件数从大到小的排名。

四市占比，系该省级行政区明显不当的违法情形案件数，占四市明显不当的违法情形案件数的比例。

本地占比(排名)，系该省级行政区明显不当的违法情形案件数，占该省级行政区违法案件数的比例，及其该比例从大到小的排名。

从表 4－4－8 中可以看出，不论是在违法数上，还是在本地占比上，重庆都位居第 1，而且明显高于其他三市，说明重庆行政机关的懒政情况比较突出。在违法数上，北京 127 个，和重庆一样超过 100 个，不算少，要加强勤政方面的教育。而天津的违法数虽然只有 44 个，但占天津市内所有违法情形的 1/4，比例不算低，所以天津对行政机关及其工作人员也不能放松勤政教育。

表 4－4－8　　不作为的省级行政区排名

排名	省级行政区	不作为	四市占比	本地占比(排名)
1	重　庆	162	44.51%	31.95%(1)
2	北　京	127	34.89%	18.57%(4)
3	天　津	44	12.09%	25.00%(2)
4	上　海	31	8.52%	22.96%(3)

注：

排名，系不作为的违法情形案件数从大到小的排名。

四市占比，系该省不作为的违法情形案件数，占四市不作为的违法情形案件数的比例。

本地占比(排名)，系该省级行政区不作为的违法情形案件数，占该省级行政区违法案件数的比例，及其该比例从大到小的排名。

第五节　行政违法案件的当事人分布

本节观察原告与律师的参与情况。从下表可以看出，四市原告为自然人的行政违法案件数与判决行政违法案件数之比均在80%以上，北京以92.54%的占比排名第一，其数量(633)也是最多的。说明在判决行政违法案件中，四市自然人为原告的案件要远远多于法人或者其他组织为原告的案件。

从表4-5-1中可以看出，原告有律师的比例高于50%的是北京(55.12%)和重庆(56.80%)，低于50%的是上海(45.93%)和天津(48.30%)，但四个直辖市原告有律师的案件在全部行政违法案件中的占比均在50%左右。在原告有本地律师方面，只有北京的占比超过了50%，天津仅有28.86%。所以，四个直辖市聘请本地律师的比例普遍不高。

表4-5-1　　原告与律师参与

省级行政区	违法数	原告为自然人		原告有律师		原告有本地律师	
		数量	占比	数量	占比	数量	占比
北　京	684	633	92.54%	377	55.12%	362	52.92%
上　海	135	110	81.48%	62	45.93%	51	37.78%
天　津	176	157	89.20%	85	48.30%	51	28.98%
重　庆	507	439	86.59%	288	56.80%	197	38.86%

第六节　行政违法数排名的变量分析

行政违法数在行政案件数中的占比、人口数、GDP数、平均每个市县行政区的行政违法案件数等都与行政违法数紧密关联，成为行政违法数排名的变量，对这些变量进行分析，更有利于全面、平衡地把握各地法治政府建设情况。

一、行政违法数在行政案件数中的占比

(一) 行政违法案件数在行政案件数中的占比

表4-6-1显示，就行政违法案件数在该省级行政区行政案件数中的占比

高于30%的是北京(36.19%)、重庆(33.58%)和天津(35.06%),其中北京占比最高,但都维持在35%左右。值得注意的是,上海的占比仅有8.85%,这说明上海的法治政府建设效果良好,法治政府建设水平远远超过四市平均水平(四市平均占比为28.42%)。

表4-6-1　行政违法案件数在该省级行政区行政案件数的占比

排名	省级行政区	违法数	案件数	占比(排名)	加撤诉书占比(排名)
1	北　京	684	1 890	36.19%(1)	39.00%(2)
2	重　庆	507	1 510	33.58%(3)	36.40%(3)
3	天　津	176	502	35.06%(2)	43.01%(1)
4	上　海	135	1 525	8.85%(4)	18.57%(4)

注:
排名:系判决行政违法案件数从大到小的排序。
占比(排名),系该省级行政区判决行政违法案件数占该省级行政区经判决案件数的比例,以及从大到小的排名。
加撤诉数占比(排名),系该省级行政区判决行政违法案件数加该省级行政区撤诉案件数,占该省级行政区判决案件数加该省级行政区撤诉案件数的比例,以及从大到小的排名。

(二) 省级行政区行政违法案件数在全国行政违法案件中的占比

省级行政区判决行政违法案件数在全国判决行政违法案件中的占比排名,与前述判决行政违法案件数的全国排名应是完全一致。表4-6-2显示,该占比超过30%的有北京(45.54%)和重庆(33.75%),其中北京接近全国判决行政违法案件数的一半,比例较高;而上海占比仅8.99%,天津(11.72%)的占比在四市中排名第3,比例并不算过高。

表4-6-2　省级行政区行政违法案件数在全国行政违法案件中的占比

排名	省级行政区	违法数	判决占比	撤诉数	判决加撤诉占比(排名)
1	北　京	684	45.54%(1)	87	40.41%(1)
2	重　庆	507	33.75%(2)	67	30.08%(2)
3	天　津	176	11.72%(3)	70	12.89%(4)
4	上　海	135	8.99%(4)	182	16.61%(3)

注:
排名,系判决行政违法案件数从大到小的排名。
判决占比,系该省级行政区判决行政违法案件数,占全国判决行政违法案件数的比例。
判决加撤诉占比(排名),系该省级行政区判决行政违法案件数加该省级行政区撤诉案件数,占全国判决行政违法案件数加全国撤诉案件数的比例,以及从大到小的排名。

二、每百万人的行政违法案件数排名

根据已有判决数量，结合各省级行政区人口数量，可得出每百万人的行政违法判决数。从宏观角度说，行政违法数还是受到人口等因素的影响。所以考虑人口因素，从每百万人口行政违法案件发生率角度进行考察比从行政违法案件绝对数角度考察显得更公平。两者都靠前的话，说明该省级行政区法治政府建设存在明显不足，两者都靠后的话，说明该省级行政区法治政府建设成效良好。

从表 4-6-3 中可以看出，在每百万人行政违法案件数中，北京以 31.51 个行政违法案件遥遥领先，居于中等水平的分别是重庆(16.49)和天津(11.3)，上海仅有 5.58 个案件数，远远低于北京。这说明北京的法治政府建设情况亟待改善，重庆和天津的法治政府建设水平也有待提高，而上海法治政府建设成效较好。

表 4-6-3　　每百万人行政违法案件数

排名	省级行政区	违法数/百万人	撤诉数	结合撤诉数/百万人(排名)
1	北　京	31.51	87	35.51(1)
2	重　庆	16.49	67	18.67(2)
3	天　津	11.30	70	15.80(3)
4	上　海	5.58	182	13.11(4)

三、GDP 每千亿元的行政违法案件数排名

根据判决行政违法案件数，结合各省级行政地生产总值，可得出每千亿元的行政违法案件数。从宏观角度说，行政违法案件数还是受到人口、经济发展程度、地理位置、区域面积等因素的影响。所以考虑地区生产总值，从每千亿地区生产总值行政违法案件发生率角度进行考察比从行政违法案件绝对数角度考察显得更公平。

从表 4-6-4 中可以看出，在每千亿元的行政违法案件数上，重庆和北

京案件数大体相当,分别为 26.10 和 24.42,同时两者远远高于天津(9.50)和上海(4.40)。

表 4-6-4　　每千亿元的行政违法案件数

排名	省级行政区	违法数/千亿元	撤诉数	结合撤诉数/千亿元(排名)
1	重　庆	26.10	67	29.55(1)
2	北　京	24.42	87	27.52(2)
3	天　津	9.50	70	13.26(3)
4	上　海	4.40	182	10.35(4)

结合 4 个直辖市违法案件数来看,在每千亿元的行政违法案件数上存在的较大差距,一定程度上体现了在经济发达地区法治政府建设成效往往更显著一些,从而行政违法案件绝对数小且经济总量高,每千亿元的行政违法案件数就更低。

四、平均每个市县行政区的行政违法案件数排名

市、县行政区数量与行政机关数量有关系,一般而言,市县行政区数量多,行政机关数量也多,反之亦然。而行政机关数量与行政行为违法数也关联。行政违法数除以市县行政区数后的所得数,即平均每个市县行政区的行政违法数,对法治政府建设情况也有一定的表征力。比如重庆,面积大、人口多,市县行政区数量多,这与其他 3 个直辖市差别很大,从平均每个市县行政区的行政违法数角度来考察,更有利于体现重庆的实际情况。

表 4-6-5 显示,不论是在平均每个市级行政区的行政违法案件数,还是在平均每个县级行政区的行政违法案件数方面,北京都位居首位,而且数值都大大领先其他三市,说明北京的各级行政机关依法行政水平需要进一步加强。重庆虽然行政违法案件数是天津、上海的近 3—4 倍,但其平均每个县级行政区的行政违法案件数却很少,排名最后。在四直辖市中,上海的平均每个市级行政区的行政违法案件数排名最后,平均每个县级行政区的行政违法数排名也靠后,说明上海在这方面表现良好。

表 4-6-5　　平均每个市县行政区的行政违法案件数

违法案件数排名	省级行政区	判决违法案件数	地级行政区个数	判决违法案件数/地级行政区个数(排名)	县级行政区个数	判决违法案件数/县级行政区个数(排名)
1	北　京	684	16	42.75(1)	331	2.07(1)
2	重　庆	507	38	13.34(2)	1 030	0.49(4)
3	天　津	176	16	11.00(3)	248	0.71(2)
4	上　海	135	16	8.44(4)	214	0.63(3)

从本章的数据统计来看，北京和重庆的行政违法数较多，集中发生在资源行政领域，此外，北京还集中于城乡建设等领域，重庆还集中于人力资源与社会保障、公安等领域。最多的违法情形是主要证据不足，表明四市行政机关在没有完全弄清楚事实就做出行政行为的情况很多。北京、天津和重庆超过1/3的案件被判定为行政违法，比例不低。从每百万人行政违法案件数和每千亿元行政违法案件数来看，北京和重庆都大大高于上海和天津。总体而言，在这四个直辖市内，北京和重庆情况差不多，法治政府建设的空间还较大，上海和天津情况差不多，法治政府建设取得了较好的成绩。

后　　记

从法院海量裁判文书出发，展开对法治政府建设进程的观察，是一项崭新而艰巨的工作，也是一段从上海社会科学院法学研究所到北大法宝，从所领导到科研人员乃至研究生精心组织、紧密配合、苦干巧干的创作苦旅。

在《法治政府的司法指数研究（2019）》付梓之际，首先要感谢上海社会科学院法学研究所和姚建龙所长的大力支持。感谢法学研究所原所长、上海交通大学凯原法学院叶必丰教授，有叶教授的细心指导，才能凝心聚力，成就此作。

感谢北大法宝提供的技术支持，其团队与我们团队进行着频繁而顺畅的沟通，提供给我们不断精确化的海量数据。未来，我们将共同朝着更加美好的方向不懈追求。

感谢上海社会科学院法学研究所硕士研究生邓国栋、孟祥兆、储君佩、韩哲等。他们或是整理数据，或是制作图表，或是撰写文字，付出了不少辛劳。邓国栋和孟祥兆参与的是第一、第三章，储君佩和韩哲参与的是第二、第四章。

最后，感谢上海社会科学院出版社为本书的出版所做的工作。

肖军、张亮

二〇二〇年元月

图书在版编目(CIP)数据

法治政府的司法指数研究. 2019 / 肖军，张亮著
.— 上海 ：上海社会科学院出版社，2020
ISBN 978-7-5520-3139-3

Ⅰ. ①法… Ⅱ. ①肖… ②张… Ⅲ. ①司法制度—研究—中国—2019 Ⅳ. ①D926

中国版本图书馆 CIP 数据核字(2020)第 052758 号

法治政府的司法指数研究(2019)

著　　者：肖　军　张　亮
责任编辑：袁钰超
封面设计：黄婧昉
出版发行：上海社会科学院出版社
上海顺昌路 622 号　邮编 200025
电话总机 021-63315947　销售热线 021-53063735
http://www.sassp.cn　E-mail:sassp@sassp.cn
排　　版：南京展望文化发展有限公司
印　　刷：镇江文苑制版印刷有限责任公司
开　　本：710 毫米×1010 毫米　1/16
印　　张：10.5
插　　页：1
字　　数：180 千字
版　　次：2020 年 5 月第 1 版　　2020 年 5 月第 1 次印刷

ISBN 978-7-5520-3139-3/D·573　　定价：56.00 元